Humble Leadership
The Power of Relationships, Openness, and Trust

謙虚な
リーダーシップ

1人のリーダーに依存しない組織をつくる

エドガー・H・シャイン Edgar H. Schein
ピーター・A・シャイン Peter A. Schein
野津智子訳

英治出版

孫たちと、その子どもたちに

HUMBLE LEADERSHIP

The Power of Relationships, Openness, and Trust

by

Edgar H. Schein and Peter A. Schein

Japanese translation rights arranged

with Berrett-Koehler Publishers, San Francisco, California, Oakland

through Tuttle-Mori Agency, Inc., Tokyo

謙虚なリーダーシップ　目次

第6章　ヒエラルキーや意図せぬ結果が謙虚なリーダーシップを阻害してしまうとき

第7章　謙虚なリーダーシップと未来　161

第8章 謙虚なリーダーシップでは、「ソフトなもの」を強化する必要がある 185

【編集部注】

＊原著本文中で書名が表記されている文献に関して、邦訳のあるものは『邦訳タイトル』（出版社）、邦訳のないものに関しては、原著のタイトルをそのまま表記している。本文中に書名が表記されていない参考文献に関しては、（著者名、出版年）という形で表記した。

＊訳注は原則として、〔　〕内に記した。

はじめに

本書のテーマ

リーダーは常に「スーパースター」として、英雄のように、大胆かつ非凡なことをしなければならない。そんな考え方をする個人主義的・競争的な経営文化に、あなたはいつの間にか囚われてしまっていないだろうか。リーダーシップとは、なんらかの「決まった手順」を踏んで発揮すべきものではなく、新たな、よりよいことを成し遂げようとするグループ内で共有されるエネルギーである——そのように考えるわけにはいかないだろうか。本書では、リーダーシップを、他との関係性のなかで存在するものとして捉えている。つまり、今日の組織の特徴になりつつあるダイナミックな対人関係およびグループ・プロセスにおいて、新たな、よりよいことを学び、共有し、促すプロセスだと考えている。そのようなリーダーシップは、どんなレベルでも、どんなチーム（作業グループ、ミーティング）でも、生まれる可能性がある。管理されたネットワークでも、ひらかれたネットワークでも、あるいは、一箇所に集まるワークユニットでも、広く分散するワークユニットでも、さらには、あらゆる文化的境界をも越えて、生まれる可能性がある。リーダーシップは、指名・任命されたリーダーだけでなく、グループ・メンバーが発揮する場合も少なくない。加速度的に激しく変動する市場においては、グループの果たすべき仕事が変わるのに伴い、それまでとは別の人が不意にリーダーになることもある。

私たちは、このように考えている――リーダーシップとは、関係性にほかならない。そして、真に成功しているリーダーシップは、きわめて率直に話をし、心から信頼し合うグループの文化のなかで成果をあげている、と。リーダーシップと文化はいわば表裏一体であり、文化はまぎれもなく、一つのグループ現象である。本書は、リーダーシップの新しいモデルにスポットライトを当てているが、文化とグループ・ダイナミクスについての本でもあるのだ。

20世紀の伝統的な経営文化は、決められた役割と役割の間にできる、単なる業務上の《トランザクショナルな》一連の関係と言える。そのような関係では、率直に話すことも信頼し合うこともあまりできない状態が意図せず生み出され、それゆえ、本当に効果的なリーダーシップを実践するのが困難になってしまう。このような単なる業務上の《トランザクショナルな》関係を、私たちは「レベル1」と呼んでいる（「関係のレベル」は、『謙虚なコンサルティング――クライアントにとって「本当の支援」とは何か』［英治出版］で初めて触れた概念である）。一方、グループ内およびグループ間のより個人的な関係の上に築かれる、もっと個人的で、信頼し合い、率直に話をする文化と深く関連するモデルを、私たちは「謙虚なリーダーシップ」として提案している。このような関係が、「レベル2」である。

強調しておきたいのは、レベル2のリーダーシップのプロセスが、昔ながらのヒエラルキーや、個人として「英雄のような」業績をあげることとは異なると思われる、という点だ。会社や軍隊を率いる、芸術を監督する、社会的・政治的グループを招集・組織する、プロスポーツチームを監督する、新しい組織を創設する——。これらすべてに共通するのは、そうしたリーダーシップがグループのなかで生じること、そして、生じるか否かは、グループ内に率直に話し、信頼し合う関係があるかどうかだということ、である。グループのなかにレベル2の関係があって初めて、メンバーの誰もが、最高の力を出そうと鼓舞されるのである。

本書を通して、あらためて言いたい——組織がいつまで存続できるかは、社会生活を営み、感情を持ち、協力し合う個々の人間が、互いにさまざまな関係を持ち、相互作用するなかで決まる、と。謙虚なリーダーシップに決まった形はなく、グループを招集し、グループの力をうまく引き出し、その後はふたたび必要とされるまで姿を消す。このモデルは、サーバント・リーダーシップや、変革型（トランスフォーメーショナル）リーダーシップや、インクルーシブ・リーダーシップのような他のモデルの代わりにはならない。だが、それらのモデルが成功するための、不可欠なプロセスであり、動的な要素だと言える。謙虚なリーダーシップは、仕事の世界が複雑になっていくなかで、絶えず意義深い前進を続ける文化をつくり出すことに関係しているのである。

本書を読んでほしい人

本書は、組織を変える意欲と、機会と、柔軟性を持つ、あらゆるマネジャーとリーダーに読んでもらいたい。また、謙虚なリーダーシップが最も必要とされるのは企業だが、医療や芸術、政治機関、非営利団体、スポーツチーム、地方のコミュニティ組織など他の領域にも、やはり関わりがある。いや、実を言えば、謙虚なリーダーシップというモデルの模範がしばしば見られるのは、そうしたコミュニティ組織や、スポーツや、舞台芸術なのだ。

このモデルはリーダーのためのものだが、それに特化しているわけではない。リーダーシップは、あらゆる組織のあらゆる場所、あらゆるレベルに存在すると思うのだ。リーダーシップとは、ヒエラルキーにおける二次元（トップダウン）の関係でもなければ、「高い潜在能力」を持つ個人の並外れた才能でもなく、人とのつながりが複雑に組み合わさったものだ、とも思っている。リーダーシップに対するこのような考え方は、人事部や組織開発に携わる読者に特に関係があるはずだ。なぜなら、謙虚なリーダーシップには、技術、戦略、権威、統制などと同じくらい、「ソフトスキル」が大きく関わっているからである。

私たちはリーダーシップを、一つの役割以上のものだと考えている。つまり、これまでとは違う、新たな、よりよいことをするための協力関係であり、ゆえに、プロダクト・マネジャー、財務・運営トップ、ＣＦＯ（最高財務責任者）、取締役や理事、投資家、医師、弁護士など「支援する」仕事に就いている人々に、直接的に関係があるはずだ、と。本書を、企業活動のあらゆる段階の人に読んでもらいたい。そして、最適な形で情報を共有し、率直に話し、信頼し合う関係をデザインするとどんな効果が得られるかを理解してもらいたい。そういう関係があれば、グループはよりよい結果を生み出せるようになる。グループとして、もっとうまく、活気のない役割ベースの組織デザインをよみがえらせ、最高の「アンサンブル」演奏をめざすメンバーの意欲を高められるようになるのである。

本書を読むことによって得られるもの

リーダーシップを説く本には、読むべきものがたくさんある。そこには、出世したり、素晴らしい新製品を考案したり、世界を変えたりするのに役立つ、必須のスキル、成功の秘訣、望ましい性質が書かれているのだ。そうしたリーダーシップの素晴らしい処方箋が、１９８０年代初めから今（２０１８年初め）に至る35年の特徴というべき、イノベーションの爆発的な広がりやグローバルな展開や経済的成功に貢献してきたことは、私たちとしても疑う余地はほとんどない。私たちが懸念するのは、然るべき個人的な価値観やビジョンを持つ英雄あるいは「創造的破壊者《ディスラプター》」にそのように注目していても、今後の35年に直面するだろう仕事上の大変動に私たち一人ひとりが覚悟するにあたっては、限界が目に見えている、という点である。

リーダーシップ・スキルを磨くという個人的な挑戦を、グループの行動の仕方を向上させるという集団での挑戦として捉え直すことが可能だとしたらどうだろう。本書を、何もかも自分が引き受けなければ、というプレッシャーを取り払うきっかけと考えてほしい。自分ひとりで問題を解決しなければと思いながら職場に向かうのではなく、パートナー、グループ、あるいは大小の作業チームがともに解決に臨んでくれる職場に向かうのだとしたらどうだろう。問題を解決したり、高い価値をめざしたり、世界を変えたりする責任は、あなた一人が負うべきものではない。だが、学習する環境をつくり出して、あなたとあなたのグループが協力し、問題解決プロセスを突きとめ、決定し、その後世界を変えられるようにするのは、あなたの責任である。新たな問い方、これまでと違う学び方、つまり、人々が変化を起こし、成長するのを助けてきた「謙虚なリーダーシップ」のいくつかの例を、本書を通じて、みなさんに伝えられたら幸いである。

簡単な歴史的考察

いつも困惑させられるのは、この質問だ。「リーダーが文化をつくるのか、それとも、文化がリーダーを生み出すのか」。私たちは、どちらの例もたくさん見てきたし、両者の違いを大切に考えてもきた。しかしながら、この75年の間に、グループ・ダイナミクスの分野が発展し、グループというコンテクストでの「体験学習」が開発され、おかげで、グループの影響力（文化）と個人のイニシアティブ（導くこと）が絶えず作用し合っていることを、観察・活用できるようになった。リーダーは常に文化を生み出しているが、文化は、リーダーシップの意味と、一人ひとりのチェンジ・エージェントが許される行動を、絶えず制限する。この点については、『Organizational Culture and Leadership(5th ed.)』（シャイン＆シャイン、２０１７年）〔邦訳は、『組織文化とリーダーシップ』があるが、第5版ではない〕で述べた。

社会生活を営む私たちは、文化の外へ出ることはできないが、自分たちの文化を知ることと、他者と関係する活動としてのリーダーシップが、どのように文化によって形づくられ、文化を形づくっているかを理解することは可能になってきている。眼前に迫った環境、社会、政治、経済、技術の変化に適《かな》うには、経営文化がどの方向に進化する必要があるかも、わかってきている。謙虚なリーダーシップという概念は、まさにその必要性から生まれており、相互作用する性質にスポットを当てている。既存の文化が受け容れるだろう範囲のなかで、新たな、よりよいことをしたい。範囲があまりに限定的である場合は、そうした文化的側面をまず変えたい。そう願って。

後述するとおり、このプロセスで最も困難なのは、既存の経営文化の要素を変えることだ。

既存の経営文化は、時代遅れではないとしても、凝り固まっていると思われるからである。協調的なリーダーシップという新たなモデルが、個人主義で競争的、かつ単なる業務上《トランザクショナルな》の関係が優勢な文化のなかで基盤を築くのは、困難の極みかもしれない。そのため、自然に生まれる謙虚なリーダーの最初のチャレンジは、そうした文化を変えることになるだろう。

従来の経営文化でも、チームやグループは、（中心ではなくても）重要なものとして論じられてきた。ただ、チームのインセンティブより個人のインセンティブが優先されることからも明らかなように、チームは個人を中心にして展開されている。また、インセンティブはチームのリーダーに与えられる傾向もある。だが、過去75年以上にわたって行われてきた重要な研究によれば、リーダーによって有能なチームが生み出されるのと同様に、有能なグループあるいはチームによってリーダーシップの条件が生み出されることが、明らかになっているのだ。

また、透明性や従業員エンゲージメントも広く支持されているが、経営者は会社の経済状況に関する重要な情報を、従業員にほとんど知らせずにいる。この状況は、「するべきことを従業員に指示する神権」（シャイン、1989年）が経営者にはあるという説が、経営者の文化に意図せず、しかし頑なに信じられていることを、強力に示唆している。

謙虚なリーダーシップは、本質的に、他者とのつながりに基づくプロセス——効果的なグループ・プロセスと切っても切れない関係にあるプロセス——と定義されるものであり、一人の英雄が持つビジョンや目的に基づく他のモデルの代わりにはならない。変革型リーダーシップやサーバント・リーダーシップのモデルは、たしかに、今日の組織に非常に適している。だが、それらすべてのモデルに、基本的なグループ・プロセスとして、謙虚なリーダーシップが不可欠だと、私たちは思うのだ。今のあらゆるリーダーシップ・モデルが、もし現代の自然に生まれるリーダーたちに適うものであるなら、もっと個人的なつながりに重点が置かれることによって、それらのモデルは補完されるだろう。そのために、私たちは、レベル2の謙虚なリーダーシップの本質を際立たせる概念、「パーソニゼーション〔personization, 56頁で詳述〕」を取り入れている。

本書の構成

第1章および第2章では、謙虚なリーダーシップに対する私たちの考えと、土台となる人間関係論について述べる。第3〜6章では、いくつかのストーリーを示して、謙虚なリーダーシップの成功例だと私たちが考えるものと、謙虚なリーダーシップが育たなかったり、行き詰まったり、成功しなかったりした事例を紹介する。続く第7章では、謙虚さ、「パーソニゼーション」、グループ・センスメーキング、チーム学習、つまり謙虚なリーダーシップの主要な全要素を、今まさに推し進め、強化している、いくつかの傾向にスポットを当てる。第8章では、謙虚なリーダーシップ、および関連するグループ・ダイナミクス理論によって、より広範な経営文化についての考えを推し進められるかもしれないことを示す。そして第9章では、さらなる読書、自己分析、スキルの習得を通して、あなた自身の謙虚なリーダーシップにいっそう磨きをかけることによって、どんなことが可能になるかをお話しする。

第1章
リーダーシップに対する新しいアプローチ

本書では、リーダーシップに対する新しいアプローチを紹介する。業務上の役割に基づく関係ではなく、個人的なつながりを重視するアプローチである。

明るいのは、こんな未来だ。リーダー（先導者）とフォロワー（追随者）、支援者とクライアント、サービス提供者と顧客の基本的な関係がもっと個人的、協力的になったら、めまぐるしく変化する世界にあって、従業員エンゲージメント、エンパワーメント、組織の機敏性、両利きの経営、イノベーション……そのすべてを、みごとに成功させることができる。

一方、暗い未来も考えられる。リーダーとフォロワーの関係が、単なる業務上の《トランザクショナルな》、人間味に欠ける関係、すなわち、現代の経営文化――階層的でお役所的な組織において今なお主流を占める文化――のなかでつくられてきた役割や規則に基づく関係であり続ける場合は、次のようになる。産業界や医療界においては、ごまかし、不祥事、やる気のない人材の頻繁な入れ替わり、安全性と品質の問題が起き続けるだろう。産業界や政界のトップ層においても、権力の維持――成功の第一の判断基準――への執着に突き動かされ、汚職や権力の濫用が行われ続けるだろう。

そこで、もっと個人的で協力的なリーダーシップ・モデルが必要になる。つまり、組織のメンバー同士の関係も、メンバーと顧客（クライアント、患者）の関係も、両方を変えるリーダーシップ・モデルだ。それが、「謙虚なリーダーシップ」なのである。

リーダーシップとは何か

リーダーとフォロワーの関係

「リーダーシップ」とは、新たな、よりよいことをしたいと思い、それをほかの人たちに一緒にしてもらうことである。この定義は新たな戦略、新たな目的、新たな価値観を構築する経営幹部にも当てはまるし、会議の斬新な運営方法を提案したり、プロセスを改善してよりよい結果を出そうとしたりする、もっと下位層のグループ・メンバーにも当てはまる。「新たな」「よりよい」という言葉はどちらも、私たちに思い起こさせる——リーダーシップには、改善しうる課題とグループがつきものであること、グループの価値観と文化が、よりよいものとは何かを最終的に決めることを。

新たなものやよりよいものは常に、コンテクストと、課題の性質と、その課題に取り組むグループや組織のなかで作用している文化的価値観によって決まる。そのため、「よい、あるいは効果的なリーダーシップ」として後述するものは、何かをするための新たな、よりよい方法を見抜いた人、すなわち自然に生まれるリーダーが、まず発揮することになる。ただし、私たちが注目するのは、その人自身でもなければ、自然に生まれるリーダーとして望ましい性質でもなく、その人と潜在的なフォロワーたちとの間で育まれる関係性である。潜在的なフォロワーは、何を新たな、よりよいものとするかという最終判断に影響を及ぼす人たちであり、合意すれば、新たな方法を実行する人たちである。こうした潜在的なフォロワーになるのは常に、なんらかの作業グループあるいはチームであるため、フォロワー同士の関係にも注目することになる。彼らはネットワーク内の同じ場所にいる場合もあれば、別々の場所にいる場合もある。また、メンバーは入れ替わるかもしれない。ただ、なんらかのグループが関係することは必至であるため、リーダーシップには常に、グループ・ダイナミクスやグループ・プロセスが密接に絡んでくる。

関係のレベル

リーダーとフォロワーの関係は、一連の「関係のレベル」に従い、わかりやすく区別することができる。関係のレベルとは、社会で広く受け容れられ、私たちがふだんの人間関係でも使っており、そのため違和感を覚えなくなっている各レベルのことである。詳しくは第2章で述べるが、そうしたレベルをこれから紹介しよう。人との関係には、次の4つのレベルがある。

レベルマイナス1　全く人間味のない、支配と強制の関係

レベル1　単なる業務上の《トランザクショナルな》役割や規則に基づいて監督・管理したり、サービスを提供したりする関係。大半の「ほどほどの距離感を保った」支援関係

レベル2　友人同士や有能なチームに見られるような、個人的で、互いに助け合い、信頼し合う関係

レベル3　感情的に親密で、互いに相手に尽くす関係

このような「関係のレベル」は、大半の社会に存在し、よく理解されている。権限を行使できる相手に、高圧的に命令する関係（レベルマイナス1）と、知らない人、サービス提供者、上司、部下、同僚など、「ほどほどの距離感を保つ」相手との、広範な、単なる業務上《トランザクショナルな》の関係（レベル1）との違いも、広く知られている。

いずれも親密さに欠ける関係だが、これらと異なるのが、友人やチームメイト（個人的な知り合いになっている同じ作業グループの人）とのつながり（レベル2）、あるいは、より親密で個人的な感情を共有する配偶者、親友、腹心との密な結びつき（レベル3）である。

日常生活では、相手とどのレベルの関係になるかを決めるための考え方とスキルを、私たちはすでに持っている。だが、作業グループや上下関係にある人との間で、どのレベルの関係になるのが適切かを、じっくり考えたことがあるだろうか。組織の課題が複雑になるにつれ、リーダーシップ関係がどのようになる必要があるか、深く考えたことがあるだろうか。

「謙虚なリーダーシップ」とは何かを説明するためには、まず、こうしたレベルが、今日の組織のありようにおいて、また、未来においてて何を意味するかをよく考える必要がある。私たちは次のように考えている。レベルマイナス1の支配と強制の関係は、現代の民主主義社会においてそもそも倫理的に不適切であり、課題がきわめてシンプルでプログラムできるものである

場合を除き、何一つ効果をあげることはない。レベル1の単なる業務上の《トランザクショナルな》関係は、役割期待とそれに伴うルールを中心に築かれる関係であり、これが、おそらく今なお多くの組織や機関に大きな影響を及ぼす基本的な経営文化の土台になっている。そうした経営文化の根底にあるのは、アメリカの中核的な価値観――個人間の競争、勇ましい自己決定、仕事は段階的に進み、さながら機械のようで、技術的合理性に基づいているとする考え――だ。そのため、レベル1の関係は、ルールと、役割と、ほどほどの距離感の維持に依存することになる（ロイ、1970年）。こうした既存の文化と、世界の現在の変わりようがきっかけで、私たちは、もっと個人的なレベル2――ときにはレベル3――の関係とグループ・プロセスに基づく、新たなモデルが必要だと思うようになった。

リーダーシップについての本が新たに必要である理由

新たなリーダーシップ・モデルが必要な理由は、複数ある。

1　課題の複雑さが、加速度的に増している

今日の世界で課題を達成するためには、新たなテクノロジーがダイナミックに混ざり合うこと、すなわち、チームメンバーおよび（さまざまな職業文化・国民文化を持つ）エコシステム・パートナーの多様な専門知識・技術が合わさることが必要だ。提供する必要のある製品・サービス自体も、複雑さを増し、急速に変化する社会政治的環境のなかで絶えず変わり続けている。情報技術と、地理的に分散したソーシャル・ネットワークも、新たな組織化やコミュニケーションのあり方を生み出しており、それによって、リーダーシップ・プロセスを定義することがとても難しくなっている（ハイフェッツ、1994年。ヨハンセン、2017年）。

世界中の組織が、ますます加速する変化のスピード、地球規模での相互のつながり、多文化主義、技術の進歩のペースに、懸命に対応しようとしている。気候変動が速度を増している。製品特化（特定の製品に注力すること）も加速している。文化的多様性もまた然りである。このような世界で後れをとらずにいるためには、いっそう打ち解けた《パーソナライズされた》関係になって、より高いレベルの信頼と率直さを生み出し、それを土台にしたあらゆる種類のチームワークと協働が不可欠であることが明らかになってきている。チームは、効果のあることや知っていることの共有を、他のチームに求める必要がある。謙虚なリーダーシップがあらゆるレベルで実践されて初めて、作業グループとチームを結びつけることができる。ヒエラルキーをのぼっていく個人は、自己本位に行動したり、仕返しをたくらんだり、政治的に相手を出し抜いたりしがちだが、そのような行動は、たとえ身勝手で時間の浪費だとして罰せられることはないとしても、評判を下げることになる。

成功し、生き残る確率を高められるのは、自己イメージを一新できる組織、適応力ある有機的組織体にみずからをデザイン・再デザインできる組織だ（オライリー＆タッシュマン、２０１６年）。この再デザインのために、現代の組織のトップ層にも、内部にも、周囲にも欠かせないのが、もっと個人的な《パーソナライズされた》関係を重視するリーダーシップであることを、本書では示していく。謙虚なリーダーシップは、この加速度的なシステムの変化に対応しうる関係をつくったり示したりする。そして、加速する変化を活用するという重要な適応力を、作業グループが養い、維持できるようにするのである。

これまでと違うモデルは、今こそというタイミングで生まれる。フレデリック・ラルーが、組織形態の進化に関する分析のなかで述べたように、「価値あるものは、空気のように、すでにそこかしこに広まっている」のだ（ラルー＆アペール、２０１６年、１６１頁）。私たちが特に目を見はるのは、アメリカ軍――アメリカで最も階層的な組織――での、新たな組織形態についての記述だ。それによれば、今日の戦争では、「チーム・オブ・チームズ（チームのなかのチーム）」というアプローチを使わないかぎり、戦えない場合があるという（マクリスタル、２０１５年）。アメリカ軍でさえ、あるいはアメリカ軍であればこそ、古いモデル――英雄がリーダーとしてメンバーを率いる、機械のような組織――が、未来ではなく、過去のものとなっている。もし、ビジネスモデルを変えず、これまで信じられてきたとおりの規格化された生産活動を、機械のように続けていくなら、大半の業界の組織に未来はないだろう。

このような環境に身を置くリーダーは、絶対的に謙虚にならざるをえない。なぜなら、あらゆる答えを見つけられるだけの知識を一人の人間が積み上げることは、事実上、不可能だからである。相互依存と絶え間ない変化が当たり前の、この複雑な状況にあっては、謙虚であることが、生き残るための不可欠なスキルになっている。学者は50年前から、この世界は「オープン社会 - 技術システム」だと述べてきた。つまり、社会的にもビジネスにおいても絶え間なく変わる状況であり、「探究心」をもって受け容れ、アプローチしなければならない状況である、というのだ。この状況は、未来へ進むにしたがい、加速度的に深刻になるだろう。そして、こうした社会 - 技術問題に取り組むために、謙虚なリーダーシップが、なくてはならない手段になるだろう。

2 現代の経営文化は、近視眼的で、目に入らない領域があり、自己破壊的である

エンジニアリング（工学）やオートメーション（自動化）が驚くほど進歩し、材料や生産工程における技術的欠陥は、ほぼなくなりつつある。だが、製品は数も種類もいよいよ多くなり、その設計・製造・配送をすることが、主たる社会 - 技術問題になっている。今日の複雑な組織から成る多様な社会的ミクロシステムの相互作用が原因で、品質と安全性の問題が生じている

のである。

たいていの場合、問題の根は「ノード」（つまり、個人）ではなく、相互作用（関係）にある。不測の事態や相互作用が急激に増えると、深刻な不調の兆しが多くの組織で見られるようになる。そのような組織では、顕著な特徴として、上から下へも、下から上へも、コミュニケーションがいつもうまくいかず、階層の至るところで無関心と不信感が渦巻く可能性がある。品質と安全性の問題は、技術的な欠陥ではなく、コミュニケーションという、社会-技術的な欠陥から生じるのである（ガーシュタイン、２００８年）。

さらに悪いことに、今までとてもうまくいっていた経営文化では、ある領域が見えなくなったり視野が狭くなったりしており、そのせいで、多くの経営トップがコミュニケーションに関するこの異変に気づき、真剣に考えることができずにいる。ずっと成功を収めてきた文化の土台となる価値観がいったいどのように、新たな、よりよい方法を妨げているのか。その点を検討しよう。

まず、上から下へのコミュニケーションを見てみよう。これがうまくいかない主な理由は、幹部が高らかに述べることと、実際に広めたいと思っている戦略や文化とが合致しているとは、従業員が納得も信用もしていないからである。従業員は、自分たちに求められるものの（「チームワークと協働」など）と、文化にもっと深く染みついている要素（出世階段を上るときに報われる、競争的個人主義など）とが、完全に矛盾していると感じることが少なくない。私たちの経験でも、新しい立派な文化（チームワーク、エンゲージメント、もっと機敏で革新的になる、など）をつくろうとしても、なぜ従業員に見向きもしてもらえないのか、その理由を理解しようとしない、あるいは理解できない経営トップが、あまりに多い。見向きもされないのは、経営トップが自分自身の行動を改めようとせず、協力的な価値観を新たに定着させるのに必要な、新しい報酬制度を構築しようとしないからである。

次に、下から上へのコミュニケーションを考えてみよう。これがうまくいかない主な理由は、理解できないときや賛同できないとき、あるいは、組織の機能の仕方のなかに品質と安全性の問題が見えるときに、従業員が声を上げるのをためらうためである（ガーシュタイン、2008年。ガーシュタイン&シャイン、2011年）。声を上げられないことが重大な事故につながるのを、私たちは化学、石油、建設、電気やガスなどの公益事業、さらには航空の各業界で何度も見てきた。医療では、院内感染や不当な死が挙げられるが、原因は、従業員が声を上げられなかったか、たとえ上げられても、耳を傾けてもらえなかったか、もしくは、「心配ない。安全手順によって対処される」と言われたものの結局何の対処もされずに終わったか（あるいはその両方）だ。現状に満足したり報告されなかったりすること（偽陰性）が、いつのまにか、しばしば手痛い過ちを生むのである。

フォルクスワーゲン、退役軍人省、ウェルズ・ファーゴ銀行をはじめとする近年の不祥事を振り返ってみると、生産か原価管理（あるいはその両方）の目標がいかに非現実的であったかがわかる。いずれも、そんな目標を達成するのは無理だという従業員の訴えを無視していたように思われる。違法ソフトウェアを車に搭載する、偽りの記録をつくったり記録を改ざんしたりする、あるいは、数千にのぼる架空の銀行口座をひらく、といった結果にもつながっている。従業員の不満に対応がなされたのは、フォルクスワーゲンのケースでは、経営陣が事実上、次のように述べたときだった。「現在のエンジンを使って排出目標を達成する方法を、きみたちが考え出すか、あるいは、それができる人間をわれわれが見つけ出すかだ！」

従業員が内部告発する場合もある。もっとも、広く認知され、なんらかの変化をもたらす可能性はあるが、ほとんどは、自分自身のキャリアに大きな傷がつく結果になってしまう（ガーシュタイン、２００８年。シャイン、２０１３年ｂ）。「解決策がないなら、問題を持ってくるな」という経営原則も、いやというほど耳にする。だが、もっとショッキングなのは、経営トップがこう言うときだ。事故率や死亡率の上昇など、「ビジネスをするうえでの代償」にすぎない、と。同様のことを、病院の経営者が言うのを聞いたこともある。「どのみち、人は病院で死ぬのだ！」

チーム・ビルディングやよりよいコラボレーションの話になると、「対等な立場」でのコミュニケーションが必ず推奨される。だが、ほとんどの場合、骨抜きになってしまう。仕事における報奨制度は個人同士の競争が土台になっている、と誰もが認識しているためである。チームワークの話をしているのに、多額の報奨金も名声も、手にするのは個人のスターなのだ。グループは、報奨されることもなければ、責任を持たせてもらえることもない。うまくいっているときは、誰がスターであるかが明らかにされる。うまくいっていないときは、非難すべき人が探される。組織における「人を責める文化」については、皆くどいほど耳にしている。石油産業のある大手企業のエンジニアたちがこう述べるのも、私たちは聞いたことがある。「プロジェクトが終わるとすぐに、別の部署に転属される。万が一、何か問題が起きても、責められないようにするためだ！」

　こうしたコミュニケーションに関するもの以外にも、いろいろと問題が起きている。アメリカのビジネス文化は、個人が英雄として皆を率いるという誤ったリーダー像と、機械のような階層型の組織とを信奉している。そのような組織は、従業員エンゲージメント、エンパワーメント、組織の機敏性、革新力というみずからの目標をむしばむだけでなく、VUCA――不安定で（volatile）不確か（uncertain）、複雑（complex）かつ曖昧（ambiguous）――になっていく世界への対応力を制限してしまっている。多くのマネジャーが否定するかもしれないが、私たちはこう考えている。英雄が先頭に立つモデルこそが、レベルマイナス1の高圧的な関係か、形式的なレベル1の階層的・お役所的な関係――事実上、高圧的で制限的になる可能性がある、マネジャーと従業員の関係――かのいずれかに基づく経営文化を生むのだ、と。このようなレベル1の経営文化によって生まれるリーダーシップ・モデルは、単なる業務上の《トランザクショナルな》、「ほどほどの距離感を保った」、役割ベースの関係のなかで強まる無関心や抵抗を克服するために、先見の明のあるカリスマ的なリーダーに依存している。

さらには、こうした単なる業務上の《トランザクショナルな》リーダーシップやマネジメントは、先述したような組織のコミュニケーション異常だけでなく、「組織の病弊」と言われるものも生み出す。従業員が、一人の人間としてではなく、役割や「コモディティ」や「資源」として見られるためである（セネット、2006年。アダムズ&バルフォー、2009年。ガーシュタイン&シャイン、2011年。シャイン、2014年）。役割や規則をベースにする組織では、安全分析者が「プラクティカル・ドリフト〔実践するうちに出てくるズレ〕」（スヌーク、2000年）、あるいは「逸脱の常態化」（ヴォーン、1996年）と呼ぶものを無視しがちになる。そのようなズレは、経営トップとして視野が狭すぎるとまでは言わないまでも、近視眼に通じている。そして、秩序を乱す行動が階層型組織の各層に広がり、ひいては、従業員のやる気をそぎ、うそや不正行為を生み、究極的には、市民や顧客や患者にとって、安全性と品質の問題が生じる。

さらに極端な「病弊」と紙一重の例が、先日の『ニューヨーカー』誌に出ていた。記事によれば、大規模な鶏肉加工工場が、不法移民を危険な環境で働かせて食いものにし、「労働条件について不平を言ったら国外退去だぞ」と脅しているという（グラベル、2017年）。既存の経営文化に見えるのは、個人が英雄となって皆を率いるモデルでは解決できない問題、この工場と同じ文化によって生じる問題だと言っておこう。

既存の文化を守るために、これまでのリーダーは、自分が課題を理解してさえいれば、たとえば「リーン」や「アジャイル」などの新たな、よりよい方法を取り入れよと半ば強制することができた（シュック、2008年）。だが、課題が社会‐技術的に複雑かつ相互依存的になるにつれ、リーダーと名のつく人たちは、しばしば気づくようになっている――新たな、よりよい方法を従業員に理解してもらい、正しく実施できるのは、変革のデザインと実行に従業員が積極的に関わる場合だけであり、結局、変革グループのなかでレベル2の個人的なつながりをつくれるかどうかにかかっているのだ、と。

3　職業的、社会的価値観は世代交代する

今日の複雑な多文化世界で仕事や組織が持つべき意味については、新しい社会的価値観があり、この価値観を軸にして、職務・組織デザインを変革する力がゆっくり展開しつつある。社会的責任や、自分の暮らす環境および世界のスチュワード（執事）になること、つまり「サーバント・リーダーシップ」という考えのなかで詳しく述べられていることも、いっそう進化している（グリーンリーフ、2002年。ブランチャード、2003年。ブランチャード&ブロードウェル、2018年）。新たに社会人の仲間入りをする人たちは、仕事やキャリアがどうあるべきかについて、さまざまな期待と考え方を持っている。また、目的に基づく意義深い仕事、従業員がさまざまな能力を活かし、金や「もの」という特別手当だけでなく経験そのものを得られる仕事

が、ますます重視されるようになっている。

では、謙虚なリーダーシップはどのように違うのか

組織がもっと成果をあげられるようにする、つまり、「組織文化の変革」や「トランスフォーメーション」と言われるものを導くためには、自然に生まれるリーダーと、変革を実行することになる組織のフォロワーとの関係が、もっと個人的で協力的なレベル2になる必要がある。関係がレベル2になる傾向はすでに現れている。医者、プロダクト・デザイナー、教師、チームリーダーはそれぞれ、患者、顧客、生徒、メンバーとの関係が個人的になったほうが、ものごとがうまくいくことに気づき、より大きな満足感を得ているのである。

文化的トランスフォーメーションを促進し、VUCAの時代に不可欠な革新力を高めるためには、レベル2の、個人的で率直に話し信頼し合う関係を、作業グループの至るところで育てる必要がある。職場でのこのようなつながりは、課題の性質によって、さまざまな程度のレベル3の親密な関係へ変わることがある。海軍特殊部隊（ネイビー・シールズ）や陸軍特殊部隊などの軍の部隊が、一か八かの作戦を実行するときが、まさにそうだ。一方で、会社や病院のような階層システムでは、レベル3の関係は相変わらず不適切と見なされるかもしれない。

時代を問わず、課題と必要性に応じ、さまざまな形の謙虚なリーダーシップが存在してきた。そのいくつかを紹介しよう。

謙虚なリーダーシップのさまざまな例

次に紹介するのは、さまざまなレベルの、組織という生きものに関する実例である。関係者の希望により、組織や個人が特定される情報を伏せている場合もある。各事例に共通するのは、次の点だ。謙虚なリーダーが、私たちがレベル2と呼ぶ関係をつくり、グループ・ダイナミクスという暗黙知を使って、ヒエラルキーに対応したり、好ましくない競争的個人主義のダメージを最小限にしたり（あるいはその両方を）しているのである。

事例1・1　経営幹部全員がグループとして責任を持つ

化学業界のある大手多国籍企業のCEOは、11人の直属の部下から成る社内取締役会と連携し、組織のパフォーマンスに対する責任を、彼ら取締役たちにグループとして持たせている。彼らは、基本戦略の議論および決定のための定例ミーティングを頻繁にひらき、それによって、互いを個人的に知るようになった。

そんな共同意思決定を可能にするために、彼らは、さまざまな製造事業部、国際事業部、職能別部門のリーダーを、3年ごとに持ちまわりで務めた。一人ひとりが、事業のあらゆる側面に精通するため、そして、どのような製品、国、部門に対しても、個人として英雄になることが決してないようにするためである。

彼らは、共同で責任を負うことにより、戦略上・運営上の難しい判断について、率直に対話《ダイアローグ》できるようになっている。また、誰もが気兼ねなく発言できる環境をつくり、そうした価値観をほかの人、とりわけ直属の部下に伝えている。最も重要なのは、おそらくこの点だ——グループとして機能できるようになるのがことのほか難しい仕事であることを受け容れ、グループ・プロセス・コンサルタントを雇い、結果を出すグループになる方法を学んでいるのである。彼らは時間をかけて、自分たちのグループ・プロセスをたびたび検討し、並行して、リーダーシップが自分たちの間で確実に広がっていることを確かめる。経営幹部一人ひとりが、各部門、各地域組織、各業務を詳しく知ることによって、組織の代表者として行う議論が身勝手で非建設的になるのを回避しているのである。

この事例からは、次のことを確認できる。部門別に細かく分かれた多国籍企業であっても、各「サイロ」の間に、率直に話し、信頼し合う関係をつくることによって、「サイロ」同士が協力し、共同で責任を負うガバナンス・プロセスを生み出せるのである。

事例1・2　階層関係を一歩踏み込んだ関係《パーソナライズ》にする

製造・サービス業のグローバル大手のCEOを最近まで務めていたジェリーは、自分のマネジメントのやり方とリーダーシップのあり方について、次のように述べた（シーリグ、2017年）。

> キャリアを積み始めた頃はこう思っていた。組織が成功するかどうかは、肩書きや責任を問わず、上に立つ者の技術的能力とリーダーシップ・スキルが、ほかの何より大きくものを言う、と。初めて管理職になってから数カ月間は、マネジャーや担当責任者一人ひとりと、長い時間をかけて、具体的な業務について話し合ったり、彼らが責任を負う事業や活動の、将来のチャンスと課題の両方について多くの質問をしたりした。もし私の立場だったらどんなことをするかや、新任ゼネラルマネジャーである私への助言は何かも、マネジャー一人ひとりに尋ねた。
>
> 　私はどのマネジャーにも担当責任者にも、私のマネジメント・スタイルを深く理解し、慣れてもらいたかった。まず、ぶつかるどんな重大な問題についても、私に話してもらいたいと思った。だが同時に、解決案を示してもらいたいとも思った。次に望むのは、話し合っているどのような問題についても、彼らの意見を言ってもらいたい

ということだった。意見を言うだけでなく、考えが合わないときは、私と議論してほしいとも思った。代替案を十分に話し合い、危険（リスク）と便益（ベネフィット）を熟考して初めて、最適な解決策にたどり着くことができた。

ジェリーが述べたことは、謙虚なリーダーシップであった。組織の至るところに、とりわけ、直属かどうかを問わず部下との間に、個人的な「支援関係」（シャイン、2009年）を築いていたからである。ジェリーは、なんらかの決断をする際には、同僚や部下の助けが必要であることを、率直に認めていた。各系列会社の技術的な仕事をすべて理解することはできなかったし、自分がさまざまな文化を持つさまざまな国で仕事をするのだということも承知していた。彼は、そうした事業単位（ユニット）を「運営する」絶対的な公式の権限を持つエグゼクティブ・バイス・プレジデントだったが、自分より地位の低い人々をまとめるその方法には、彼らとの間に信頼し合い、率直に考えを伝え合う関係を築くことこそが自分の仕事だと認識していることが反映されていた。彼はみずからの行動を通して、ヒエラルキーにおける関係が、専制的なトップダウンの指揮統制である必要はないことを示したのである。

事例1・3　マネジャーに権限を委譲したスタートアップ

1950年代のスタートアップ、ディジタル・イクイップメント・コーポレーション（DEC）の事例には、謙虚なリーダーである創業者が、25年以上にわたって、会社を大躍進させ、IBMに次いで2位の規模へ成長させたことが示されている。また、成功して大きくなったために内部で対立が生まれ、コミュニケーションがうまくいかなくなると、とたんに、レベル2のつながりが失われ、「機械のような組織」がふたたび顔を出すようになることも示されている（シャイン、2003年、2016年。シャイン&シャイン、2017年）。

共同創業者として、ケン・オルセンは、選りすぐりの若いコンピュータ・エンジニアを探し出し、個人的なレベル2の関係を築いた。その後、「運営委員会」に定期的に出席させ、2日にわたるオフサイト・ミーティングに連れていった。話し合いの場では、どんな製品を開発すべきかという重要な問いを投げかけ、議論――必ず無秩序状態になる議論――をさせ、自分は加わらずに距離を置き、じっと耳を傾ける。文字どおり議論の場を離れ、部屋の隅へ行って座り、物思いにふける様子をしていることも珍しくなかった。何時間も続く議論の間、鋭い質問をして加わることはあったが、意見を言うことは決してない。やがてグループの意見が一致し始め、さまざまな批判を凌いだある一つの案に賛意が示されるようになると、ケンはようやく議論の場に戻り、グループ全体としての決定を求めた。

あるとき、なぜ独裁的に決定を下さないのか、なぜ好き勝手に議論させておくのかと尋ねられたケンは、すぐさまこう反論した。「何より、私は彼らほど優秀じゃない。それに、私が決めて道を歩き始めたところで、誰ひとりついてこないことも、経験して知っている」。決定を下し、それを実行するためには、底抜けの率直さと相互の信頼によって成り立つ、支援し合う関係を築くことが不可欠だと、ケンは気づいていた。互いに、あるいはケンに、あるいは顧客に対して、情報を隠したり嘘をついたりすることは断じて容認できないし、即刻クビだと明言してもいた。

最高レベルのエンジニアを雇ったケンは、自分の弱さ（創業者だからといって、すべての答えを持っているわけではない）を受け容れる一方で、互いを信頼し、率直に話し合い、人間味のある環境をつくるかぎり、専門家たちが最良の技術的決定をしてくれることを信じていた。彼は主要な従業員たちに権限を与え、彼らを頼りにした。よい決断をしたかどうかは、市場に判断してもらいたいと思った。従業員に対しても、市場という現実に対しても、彼は謙虚だった。

一般に、新興の組織では、地位の低い人に権限を与えて戦略的・戦術的決定をさせることは不可能ではない。だが、その組織が成功し、大きくなり、年月を経て変化すると、トライバリズム（部族中心主義）が色濃く表れるようになる。なぜなら、権限を与えられた若いエンジニアは、年を重ね、成功するにしたがって、力を持ち、自分自身の帝国をつくり、互いに争うようになるからである。DECの場合も、急速に信頼関係が崩れ、トライバリズムの症状が数々生じた。最終的に、ケンは、権限を与えたまさにその人々によって、しだいに脇へ追いやられていった。

DECの取締役たちは、互いとの関係も、ケンとの関係も、レベル2へ深めておらず、そのせいで悲しい、だが予想どおりの結末を迎えることになった。トライブ（部族）同士で争ったために、限られた資源を使い果たし、主要な3製品のリリースが遅れてしまった。また、市場はすでに変化していたのにDECが方向転換できないとなるや、ケンは解雇され、DECはコンパックに買収され、そのコンパックもやがてヒューレット・パッカードに買収されてしまった。しかしながら、DECの立ち上げからの25年間には、創業者がどのように謙虚なリーダーシップを実践すれば組織をつくれるかが、はっきりと示されていた。

事例1・4　生産性より安全性を優先する

サラ・スミスは、大手公益事業会社の電気部門を率いている。上司は、ガスと蒸気を含む全部門を統括するバイス・プレジデントである。このバイス・プレジデントは、さまざまな部門が互いに協力・協調できるかどうかを深く懸念しており、そのため、ファシリテーターを伴うグループ・ミーティングを、自分の中心的業務にしている。彼は、サラが束ねる地域担当マネジャー4人の間にも同様の「協調の文化」をつくることを求め、進展具合をしばしばサラに尋ねている。グループ・プロセス・ファシリテーターを雇って、マネジャーたちと協力できるようになることも強く勧めている。マネジャーとその部下たちが、システムのどこかに少しでも安全あるいは保守の問題を見つけたら、声をあげるのが当たり前になるようにするためである。

サラは、自分が直属の部下と多くの時間を共有しないかぎり、その下にいる部下たちに、保守の問題を安心して提起してもらえるようにならないことを、経験から知っている。彼女は、安全性と信頼性が、スケジュールを守る以上に重要であることを伝え、保守や安全に関する懸念を提起するすべての部下に報酬を与えている。また、上司であるエグゼクティブたちが「安全が最優先だ」と述べるとき、それが心からの言葉であること、さらには、そのメッセージを彼女の下にいるすべての部下に伝えてもらいたいと上司たちが思っていることを、彼女は強く感じている。

リーダーやマネジャーが、安全と品質のような重要なものの価値を高めることは、可能である。直属の部下に、繰り返し伝えるのだ――たとえ短期的には生産性が下がり、時機を逸することになるとしても、そうした重要なものを優先しなければならない、と。彼らの間にレベル2のつながりができていれば、そのメッセージは理解され、受け容れられるのである。

事例1・5　信頼し合い、率直に話せる関係に対する、外科医の取り組み

デイビッドは、都市部にある大規模な小児病院のベテラン脊椎外科医だ。その複雑な手術に

は、チームが欠かせない。手術中ほぼずっと、頼りにするチームである。どのようにして、チームとの信頼関係を深め、いっそう率直に話せるようにするのかと尋ねられたとき、彼は次のように答えた。まず、能力ベースでメンバーを選び、その後、「一緒にランチに行くのだ」と。チームにおける、階層の違いから来る距離を縮めるには、人間味あふれる、序列とは無関係のことを一緒にするのが最も近道だと、彼は気づいていた。のちに知ったところでは、彼がほかの医者たちではなくチームメンバーと食事をともにしたいと望むことは、チームをどれほど大切に思っているかを伝える重要なサインにもなっていた。メンバー一人ひとりと親しくなるには、食事のような格式ばらない活動が最短ルートであることを、彼は知っていたのである。

ところが、病院の方針が変更になり、彼はもはや献身的に動いてくれるチームを持てなくなってしまった。その後は、手術を始める段になって、スケジュールに合うようシフトを組まれた人たちと、初めて顔を合わせることになってしまったのである。だが、信頼し合い、率直に話せる関係をできるだけ早く築く必要があることには変わりがなかったため、彼はプロセスに工夫を加え、術前チェックリストを、メンバーの協力を必要とする方法で使うことにした。手術室看護師主任に、こう頼んだのである。機械的に行う当たり前の手順としてざっと確認するのではなく、リストにある項目を一つひとつゆっくり検討し、メンバー一人ひとりをじっと見て、その人への関心と、全項目についての疑問点や問題点を全メンバーから喜んで聞く姿勢とを、ボディ・ランゲージで示してほしい、と。彼は、メンバーの貢献が本当に重要であることを明らかにした。さらに、メンバーは協力し合い、互いを心から信頼しなければならないというメッセージを伝えようとした。このコンテクストでの信頼は、チェックリストをグループみんなで検討するという、象徴的あるいはシンプルな作業によって、見紛いようがないほどはっきりと、ほとんどすぐに築かれたのだった。

この事例では、次の点が際立っている。リーダーが、協力的なプロセスを促進するために、既存の構造ややり方に基づいて仕事を進めたいと思い、実行することにしたとしても、チームが目標を目に見える形で共有すれば、個人的なつながりがあっという間にできるのである。

ここで述べていることの意味

今日の組織は、仕事をさまざまに定義しようとし、役割や権限をとても柔軟に振り分けている。こうした試みのなかに見えるのは、より個人的なつながりを促す姿勢だ。上司、部下、チームメンバー、他のチームからの参加者は、もっと個人的なレベルで常に互いを知ろうとしている。そのようにして、より率直に話し合い、やがて信頼と、本音を言える心理的安全性とが高まるようにしているのである。

レベル2の関係では、「あなたの感情や経験を、あなたの立場に立って理解している」と伝えることになる。これは必ずしも、「あなたが好きだ」とか、「友だちになりたい」「家族みんなで集まりましょう」という意味であるわけではなく、言葉や態度やボディ・ランゲージによって知らせることである――「あなたの存在を余さず意識している」ということを。このレベルの関係にある自分たちは、力を合わせて仕事をし、互いを頼りにしているのだということと、信頼し合おうとしているのだということと、単なる従業員や同僚やチームメンバーを超えた存在として理解し合おうとすべきだということを。ひとりの人間として互いを見るという選択を、私たちはたしかにすることができる。人付き合いやプライベートでは、個人的な結びつきを深める方法をすでに知っているのだから。謙虚なリーダーシップでは、仕事において、意識的にその選択をすることになる。まとめると、次のようになる。

▼謙虚なリーダーシップの基盤は、レベル2の個人的な関係である。この関係は、率直に話し、信頼し合うことが土台になり、その状態を促進する。

▼作業グループの関係がまだレベル2になっていないなら、自然に生まれる謙虚なリーダーはまず、作業グループのなかで、信頼を確立し、率直な発言を促す必要がある。

▼作業グループにレベル2の関係ができている場合は、有用な情報や専門知識を持っている人が、自由に発言し、グループの目標を推進できるようにすることによって、謙虚なリーダーシップが現れる。

▼レベル2の関係をつくって維持するプロセスには、学習するマインドセットと、進んで協力する姿勢と、対人およびグループ・ダイナミクスのスキルが不可欠である。

▼変化の激しい環境で複雑な課題に取り組むグループが成果をあげるには、そうしたマインドセットと姿勢とスキルを育てることが、メンバー全員にとって必要になる。

▼そのため、謙虚なリーダーシップは、個人的な行動であると同時に、グループ現象でもある。

まとめと行動計画

この章では、謙虚なリーダーシップの意味を明らかにする基盤として、「関係のレベル」という概念を述べた。また、次の点も述べた。時の流れのなかで生まれた現在の経営文化は、従業員とはなんらかの役割を担う人――「人的資源」――だという根深い前提の数々が土台になっている。そして、そのような価値観や前提のせいで、今日の品質、安全性、従業員エンゲージメントの問題がどのように生み出されているかが理解されずにいる、と。そこで必要になるのが、全く違う前提に基づく新たなモデルである。

新たな前提は、基本的命題――私たちは、個人の能力ではなく、関係のモデルとグループ・ダイナミクスのプロセスに基づいて前進する必要があるという命題――が基盤になっている。謙虚なリーダーシップの理解には、関係のレベルを理解することが不可欠だ。そこで、次章では、この関係のレベルにスポットを当てる。

未来に必要なのは新たな考え方、すなわち「謙虚なリーダーシップ」である。これは、率直に話し、信頼し合う、レベル2の関係が基盤になっている。

第2章
文化的に定義される関係のレベル

リーダーシップと人々との「関係」が切り離せないことは、どのリーダーシップ論でも述べられているが、その言葉の意味を丁寧に分析・説明しているものとなると、ほとんどない。本書では、こう考えている。関係という概念には、人々が社会学的にどのようにつながり合っているかが示されている、と。本書で経営文化について述べる際には、そうした人間同士のつながりが、ヒエラルキーやお役所主義というコンテクストにおいて特別な意味を持つことをお話しする。関係のレベルの違いにスポットを当てるので、まずは、関係という言葉の私たちが考える意味を説明しなければならない。また、アメリカの文化的背景によって、関係のレベルがどのように定義されるようになっているかも述べる必要がある（仕事に不可欠なレベル2のつながりという概念は、関係のレベルを軸に組み立てる）。謙虚なリーダーシップのプロセスを十分に理解するためには、ある関係における何気ないやりとりと、それが率直さと信頼のレベルにどのように関わるかを知る必要があるのだ。

「関係」とは何か

関係とは、過去のやりとりに基づき、未来の互いの行動を、互いに予想できることである。関係が築かれているときには、相手の行動が互いにある程度、読めるのだ。「よい関係」ができている場合には、相手に関してあるレベルの安心感、つまり、相手の反応について想像がつくために安心感を覚えることができる。さらには、合意したり自明の前提であったりする目標に向かって、ともに取り組んでいるという確信も共有している。そういう安心感は、しばしば「信頼」という言葉で表される。互いに相手に期待できるものを「承知している」状態だ。信頼のレベルは、私たちの行動と相手の行動が一貫している程度を示すのである。

関係とは、本質的に双方向の概念である。関係が存在するためには、互いの期待に対称性がなければならないのだ。私があなたを信頼しても、あなたが私を信頼しないなら、言うまでもなく信頼関係は存在しない。私があなたの行動を予測できても、あなたが私の行動を予測できないなら、関係はまだ築かれていない。私があなたを好きでも、あなたが私を好きでないなら、そもそも形式的で単なる業務上の《トランザクショナルな》関係であるが、そこに対称性はなく、関係はいよいよ非対称になるか終わってしまうかのいずれかになる。対称性は、特定の文化において、通常の社会的役割を果たしながら互いに次の展開が予測できるようになるなかで生まれる。ジェンダーや上下関係に関して、また、日々のきまりを生み出す役割ベースのやりとりにおいて、私たちは期待すべきことを承知している。そうした役割関係において、互いにどのように反応すべきかを身につけているのだ。これを私たちは、礼儀や、気配りや、如才なさと呼ぶ。

　学習され、定められた、このような双方向の日々のやりとりを、私たちは大人になる過程で身につける。直面するかもしれないさまざまな状況において、互いにどれくらい信頼できるか、どれくらい率直に話せるかも知るようになる。私があなたを信頼できる程度、あなたが私に心をひらき、私が話すことに敬意を払う程度は、文化のなかで、日々関わり合いながら果たす役割によって定められる。そうした役割に内在するのは、私たちがどれくらい率直であるべきか、どれくらい相手を信じるべきかについての情報だ。道順を知りたいときには、偽りのない返事を期待する。中古車を購入しようとするときには、そこまで偽りのない会話になるとは思わないかもしれない。しかしながら、忘れがちなのは、礼儀や如才なさに影響するルールが、関係のレベルによって異なるという点だ。ここでもう一度、私たちが定義する4つのレベルに立ち返り、謙虚なリーダーシップはレベル2で実践されなければならないという言葉の意味を検討しよう。

関係の4つのレベル

レベルマイナス1　全く人間味のない、支配と強制の関係

レベル1　単なる業務上の役割や規則に基づいて監督・管理したり、サービスを提供したりする関係。大半の「ほどほどの距離感を保った」支援関係

レベル2　友人同士や有能なチームに見られるような、個人的で、互いに助け合い、信頼し合う関係

レベル3　感情的に親密で、互いに相手に尽くす関係

各レベルの差別化要素としてのパーソニゼーションの程度

「パーソニゼーション（personization）」とは、誤植ではなく、これから紹介する新しい概念である。これによって、各レベルの根本的な違いが明らかになり、「パーソナライゼーション（personalization）」との区別も明確になる（「パーソナライゼーション」は、カスタマイゼーション――個

人の選択や必要性に基づいて、製品・サービスを提供するプロセス――との絡みでも言及される）。

「パーソニゼーション」とは、仕事仲間、チームメイト、上司、部下、同僚との仕事上の関係を、双方がつくっていくプロセスである。ただし、相手のことを、そのとき担っている役割ではなく、ひとりの人間として考えようとする姿勢が土台になる。「パーソニゼーション」は、会話の初めに、どちらかが個人的なことを尋ねる、あるいは話すときに始まる。一方が、もしくは両方が、相当な覚悟をもって会話に臨み、無視されたり拒絶されたり軽蔑されたりする危険を冒すことでもある。あらゆるやりとりにおいて、私たちは何かを提供し、引き換えに何かを得ることを期待する。「パーソニゼーション」とは、本質的に、互恵的な双方向のプロセスなのである。

マネジャーはなぜ、部下との関係を「パーソナイズ（相手をひとりの人間として見る）」したいと思うのか。部下はなぜ、上司との関係を「パーソナイズ」したいと思うのか。基本的にはこういうことだと、私たちは考えている――問題が起きたとき、相手の考えを理解できないとき、相手の意見に賛成できないとき、わけても、互いに相手の支援が必要なときに、そのことを、何の不安もなく、率直かつ正直に伝えられる可能性を最大にするためだ、と。そういう関係を築きたいと思うのは、部下（同僚、上司）が、共通の目標のために全力を注ぎ、交わしたあらゆる約束を守ってくれると、あなたが信じられるようになるためだ。この関係を築くときには、部下（同僚、上司）にも、あなたが彼らに対して率直かつ正直に話をすると、信じられるようになってもらいたいと望むことになる。

「パーソナイズ」することは、いい上司になること、つまり、面白い仕事とよい労働条件、多額の手当、あるいはフレックスタイム制を部下に与えることとは何の関係もない。それは、投げやりになったり、ごまかしたり、もっと悪い場合は嘘をついたり隠したり、そういう行動とは無縁で仕事をやり遂げることにこそ、大いに関係があるのだ。

部下とのやりとりにおいては、部下をできるかぎり「下に見ない」ようにしよう。「協力」や「共同責任」を強調し、部下の成功をあなたが積極的に支援するつもりであることを際立たせるためである。関係をレベル2へ深めることは、「互いに信頼し合い、いっそうよい仕事をするために、あなたについてもっとよく知りたい」と思っていることを、言葉と行動で表すことだ。親しくなって、互いの私生活を事細かに知る必要はない。ただ、仕事の問題については、率直かつ正直に話せるようになる必要があるのだ。

プライバシーや礼儀に配慮しつつ、職場で、もっと近しく、率直に話し、信頼し合う関係を築くことは可能だと、私たちは思っている。懇意にならなくても、職場以外の場で何かを一緒にしなくても、信頼し合い、仕事をやり遂げられるくらいに互いを深く知ることは、決して無理な話ではないのだ。一方で、仕事が（ネイビー・シールズのチームに代表されるように）より緊密な協力を必要とする場合には、敏感に反応し合う、あるいは親密な関係――極限の状況で、より高いレベルの信頼やコミュニケーションが求められる場合、その基盤となる関係――を築くこともできる。

つまり、こういうことだ。「『パーソニゼーション』のプロセスを理解することは必須である。なぜなら、この仕組みによってこそ、相互依存する仕事環境に適う信頼を築けるからだ」。どのレベルの関係においても、いくらかは信頼が存在する。ただ、謙虚なリーダーシップには、レベル2の関係ときわめて密接に関わる、そんなレベルの信頼が必要なのだ。では、「パーソニゼーション」がどのように率直さと信頼に影響するか、何より、レベル1の経営文化がどのように複雑化し、率直さと信頼を害するようになったかという観点から、各レベルを詳しく見ていこう。

レベルマイナス1　望ましくない関係

このレベルが関係するのは、互いに相手をいささかも人間として扱わない、特異な状況のみだ。たとえば主人と奴隷、看守と囚人、あるいは、悲しいことだが、病院や老人ホームにおける、世話係と、精神を病んでいる人や年配の患者、などのケースである。そのようなケースにおける搾取や無関心を、組織で見かけることは、まずない。だが、ブラック企業や、アメリカ以外の国の工場や、残念なことだが、従業員を単なる雇い人としか考えないマネジャーの態度に見られる場合がある。レベルマイナス1の関係が容認されている組織では、従業員はたいてい職場環境を「非人間的」だと表現するが、どうすることもできないと思うために、耐え忍んでいる。その一例が、前述した『ニューヨーカー』誌掲載の詳細記事だ（グラベル、2017年）。ある大規模な鶏肉加工工場が、不法移民を食いものにしているという。賃金が低い、勤務時間が長い、労働環境が危険あるいは非人間的だ、などと不平を述べる不法移民がいたら、当局に通報して国外退去にしているのである。

そういう関係に「パーソニゼーション」は存在せず、組織的な「リーダーシップ」が生まれることは不可能になる。なぜなら、指名されたリーダーが潜在的フォロワーたちにしてもらいたいと思うことを、当のフォロワーが理解せず、心を動かされることもないからである。

もっとも、囚人のなかに「模範囚」、つまり協力者になることによって看守とのレベル1の取引上《トランザクショナルな》の関係を受け容れる者がいること、その一方で、大半の囚人は無関心を決め込むか、あるいは、囚人同士でより個人的なレベル2のつながりをつくるものであることは、周知のとおりだ。中国・北朝鮮捕虜収容所を例に挙げよう。新鮮な空気を吸うために、許可を取り、筏《いかだ》に乗って川下りをする際、捕虜たちは決まって次のような行動をとった。捕虜の一人が「うっかり」川に落ちる。監視役らが助けようとして走り寄り、その捕虜を無事、救出する。それもつかの間、今度は筏の反対側から別の捕虜が川に落ち、それを、ほかの捕虜たちが皆、「素知らぬ」顔で見ている（シャイン、1956年）――。監視役に対してこのような嫌がらせを編み出して楽しむことが、捕虜の間で、誰か一人が引き受けるのではない重要なレベル2のリーダーシップ・プロセスになったのである。

当局者の支配と強制によって、支配される者の間にまず、より密接なレベル2のつながりが生まれる。次いで、独創性に富む方法が考え出されて当局者の目的をつぶし、工業・工場であれば、これが労働組合を組織する力の一つになる。皮肉で、ある意味、悲劇的なことには、反組織的かつ強力な下位文化として生まれたもの自体も、ヒエラルキーと形ばかりのお役所主義を育ててしまうのかもしれない。結果として、組合のなかにはおよそ機能しないリーダーシップを、「労使」の間にはいっそうあからさまな対立を、生み出してしまうのだろう。

レベル1　単なる業務上の《トランザクショナルな》、お役所的で、「ほどほどの距離感を保った」関係

文明社会の一員である私たちは、少なくとも、同じ人間として互いを認め合うことを期待している。割り振られた仕事や役割のうえでしか互いを知らないとしても、自分がそこにいることには気づいてもらえるはずだと思っているのだ。レベル1の関係は何か予期せぬこと、たとえば、いきなりぶつかられたり、脅されたり、なんらかの「無礼な」ことが起きて、不安や怒りを覚えた場合を除き、個人的な感情が入らないものだと見なされている。付き合いや会話では、

こうなるはずだという互いの予測と深入りしない姿勢を前提に、対等な立場で型どおりのやりとりが行われる。こちらが何かを与えたら、相手は礼を言う。相手に質問されたら、こちらは答えなければと思う。これはきわめて自然に起きるので、話が噛み合わなくなるか、一方が礼儀をわきまえないか、「個人的になりすぎる」かしないかぎり、気づくことはない。

レベル1の関係に含まれる範囲は広い。赤の他人やちょっとした知り合いに対する接し方も、職場の上司や同僚や部下に対する接し方も、医師や弁護士など専門家から支援を受けるときの、きわめて個人的な関わりへの対応の仕方も、含まれるのだ。レベル1の関係は日常ふつうに存在し、ときには、より個人的なレベル2のつながりが交じる場合もある。この当たり前にある関係の特徴は、両者が役割によって結びついている点だ。顕著なのは、病院や診療所へ行く場合だろう。同じ症状で行っても、診てくれる医者がその都度、違う場合がある。あるいは、職場でなら、組織再編後に新しい上司が来るかもしれない。このようにさまざまに人が入れ替わる場合、同じ役割をいろいろな人が担うのを見て、個人的には落ち着かないかもしれない。だが、社会的観点からすれば、むろん容認される。なぜなら、その役割を担う人は皆、必要なあらゆる事柄について、同等の能力を持っていると考えられるからである。私たちは、危害を加えられることはないとある程度信頼できる相手、会話において礼儀正しさを損なわない程度に率直に話のできる相手を、同じ人間として互いに接するのである。

仕事が絡む関係は、大半がレベル1になる。大勢が関わる公共サービス、店、病院、企業は、お役所的に営まれ、レベル1で人々に接するからである。それが、お役所主義への不満が生まれる大きな原因だ。そのような人間味に欠ける扱いを受けたいとは、私たちは思わない。職場でなら、なおさらだ。わけても、上司の個人的であろうとする態度が見え見えの場合、しかもそうするのはそれが好ましい、つまり、部下に熱心に関わってもらうことが重要だと指示されているからだと感じる場合である。そういうのはたいていわかるし、怒らずとも冷めた気持ちになる。言い換えるなら、リーダーはレベル2の関係を見せかけることはできない。人間というのは、本当かどうか、誠実かどうか、一貫性があるかどうかについて、とりわけそれらが仕事上の関係に不可欠だと思う場合、優れた判断力を発揮するのである。

型にはまったレベル1の会話での決まり事は、「社会的役割に基づく関係」を守り、覆さないことだ。そのためには、この関係が形式的で距離を置いたものであり、深く入り込むことを要求も受容もしないことを、互いに理解する必要がある。「傍観者シンドローム」を考えてみよう。本当は個人的にもっと関係する必要がある状況において、眺めるだけで、積極的に関わろうとしない状態だ。一方で、関係がレベル1であっても、文化が求める「お返し」のルールを、私たちは守って行動する。たとえば、「この間、こんな面白い話を聞いたんだ」と、相手が言ったとしよう。すると、その話がどれほど面白くなくても、笑わせようとした努力への礼として、聞いた人はまず間違いなく、なんらかの笑いを返すのだ。

「面子（メンツ）」とは、この必須の支え合いのことである。私たちが、「状況の如何にかかわらず、当然のものとして求める価値」と言ってもいい。標準的なレベル1の交流において、私たちは互いの面子を守ろうとする。それによって、会話中に受け取るものの価値を低めるつもりはない、と示すのである。私たちは、相手の冗談に笑い、質問に答える。相手が担っていると思われる役割、相手がその交流に注ぐであろう感情、それらのレベルに見合う役割を、私たちは選択しようとする。よい関係を維持している責任ある大人という役割を、私たち一人ひとりが演じるのである。

関係を深めたいと思う場合は、次のような方法を使ってその価値を高める。肯定的な反応を示したり、称賛や承認をしたり、あるいは、同程度に価値の高いコメント——相手の冗談に対してなら、それを補足するジョークや、より個人的な感想など——を述べたりするのだ。たとえば、「今の冗談、最高です」「素晴らしいですね」などである。逆に、関係を制限したい場合は、ぞんざいになって、「あまり面白いとは思いませんでした」と言うかもしれない。あるいは、「私が聞いたジョークのほうが、もっと面白かったですね」と述べて、自分が優位に立つ場合もある。しかしながら、相手を本当にもっとよく知ろうと思うなら、より個人的な質問をしたり、自分に関してもっと個人的なことを話したりすることによって、「パーソナイズする」ことになる。

役割本位の信頼および率直さの限界

知らない人との間には心理的、社会的距離を感じるが、それでも、ある程度の信頼や率直さは見込めるし、あって当然だと思われている。社会活動や交流を可能にする文化的ルール――気配り、礼儀、如才なさ、ポリティカル・コレクトネス〔差別用語を使わないこと〕――を、ほとんどの人が身につけているのである。単なる業務上の《トランザクショナルな》さまざまな関係において、私たちは、こうなるはずだと互いに多くを期待する。これが起きるのは、種々のサービスを必要としている場合、組織のお役所的な関係に関わっている場合、そして、本書に最も関連し、「ほどほどの距離感を保った」と私たちが呼ぶ、役割本位の仕事に関わっている場合である。

本来、私たちは、本当のことを互いに話しているものと思っている。だが、本当のことを言ったら相手を傷つけてしまう、あるいはどちらかが不利益を被ると思う場合には、言わずにおいても、それどころか嘘をついても容認されることを、経験から知っている。ものを売り買いする関係なら、多少の誇張や作り話があるだろうと予測がつく。社交上の付き合いを深めようとしているときなら、いくらか愛想を言ったり助け合ったりすることになるにちがいないと思う。販売・サービスに関する取引の場合、私たちはもともと用心している（そこから「caveat emptor〔すべては買う側の責任である〕」という言葉が生まれた）。ほどほどの距離感を保つ支援者に関しては、私たちは助言を求めており、欺かれるのも、嘘をつかれるのも、だまされるのもごめんだと思っている。

レベル1の関係では、社会的な、あるいはほどほどの距離を置くことが前提になっている。ほどほどの距離感を保つという表現が特にふさわしいのは、医者と患者、あるいは弁護士と依頼者の関係だ。医者や弁護士は、専門家として、詳細を知り、診断と処方の両方をもたらしてくれるものと思われている。そのため、患者や依頼者にあらゆる個人的な質問をすることが正当とされる。一方で、患者や依頼者が、自分が尋ねられたからといって、医者や弁護士にそのような質問をすることは適切ではないことも、広く認められている。

正直に話し、医者を信頼することは、患者のためになるとされている。にもかかわらず、患者が、さまざまな理由から、情報を出さなかったり、治療の処方に従っていないときにそれを医者に言わなかったりしていることを示す証拠が、だんだん増えてきている（ガワンデ、2014年）。残念ながら、そのせいで、健康を取り戻すという共通の目標に悪影響が出るケースは少なくない。同様に、依頼者が弁護士に情報を洗いざらい話そうとせず、そのために、得られる法的支援の質が下がってしまう場合もしばしばある。上司の要望に応えようとしているときにぶつかる問題を、部下は上司に逐一、報告するわけではないというのも、よくある話だ。進捗状況を尋ねられた場合、部下がひどく慌てて、実際は違うのに、「順調です、何も問題ありません、すべてうまくいっています」と答えることは想像に難くない。部下は、「報告したために非難される」などまっぴらだと思っているのかもしれないし、上司が「面子を保つ」のをこそ手助けしたいと思っているのかもしれない。あるいは、その上司が悪い知らせなどいっさい自分の耳に入れるなと思っているのを何度となく見て知っているのかもしれない。

次の事例を考えてみよう。ある整形外科医が、骨折部を固定するための簡単な手術をしようとしている。この外科医が、麻酔専門医、手術室看護師をはじめとするチームメンバーの協力によって、手術中にたしかな情報を得ることは、本当なら可能だろう。私たちは、医師らがきっぱりとこう言うのを耳にしたことがある。「率直に意見を述べるのは、チームメンバーの『専門家としての責任』だ」と。しかしながら、多くの若手の医師や看護師がこう話すのも、私たちは聞いている。ベテラン外科医に対し、率直に意見を言おうとは思わない、と。

一方、事例1・5で紹介したように、神経を使う複雑な手術を行うにあたり、手術室で初めてチームメンバーと顔を合わせる外科医は、「専門家としての能力」とチームメンバーならではの善意に頼るだけでは、率直な話し合いや協力が保証されないと、やがて気づく。そこで、外科医は特別な努力をすることになる。たとえば、術前チェックリストを使ってメンバーとの関わりを一気に深め、彼らを頼りに思っていることを伝えるのだ。これは実質的に、まさにその場で「パーソナイズしよう」とするのと同じである。つまり、配慮が必要な事態が生じたとき、あるいは、外科医がミスをしそうになっているときに、この即席チームのメンバーの誰かがさっと声をあげる可能性を高めるために、役割本位の関係を超え、もっと個人的なレベル2のつながりをつくろうとすることである。

まとめよう。日々繰り返される仕事の大半は、さまざまな役割に基づくレベル1の関係で成り立っている。十分な計画のもとになされる仕事なら、そういう関係であっても、なんら支障はないかもしれない。しかし、レベル2へシフトする必要がある、と私たちは考えている。仕事そのものの性質が、もっと「一個人として相手を見る《パーソナイズされた》」関係——心理的安全性を生み、それによって、率直な話し合いや協力や相互支援を確実にする関係——を必要とする方向へ急速に変化しつつあるのを、目の当たりにしているからである。

レベル2　個人としての全人格を認め合う関係

レベル2の関係には、おかしな事実がある。友人や家族との関係がこのレベルになると、どんなことが起きるかわかっているのに、私たちは、職場ではこのレベルになろうとしないのだ。そうするのが安全でも割に合うものでもないことが、明らかなためである。

レベル2の関係で何より重要なのは、相手（上司、部下、同僚であれ、パートナーであれ）を、「役割」——「ほどほどの距離感」を保つ必要のある、その人の全人格の一部、あるいは他者と差異のない個——ではなく「ひとりの人間」として見て、共通の目標や経験に基づき、より個人的なつながりをつくることだ。レベル2のつながりには、あらゆる形の友情や近しい関係が含まれる。ただ、経営文化を進化させるために、ここでは仕事上の関係に限定しよう。その範囲において、こう言いたい。マネジャーや医師、弁護士など支援を行う専門家は、部下や患者や依頼者と、初めて会った瞬間から、もっと個人的な関係を築き始めることができる、と。「パーソニゼーション」への扉をまずひらくことによって、支援する側とされる側の両方が、役割ではなく、ひとりの人間として、相手に接することができるようになる。「相手の感情や経験を、相手の立場に立って、互いに理解」し始めることも可能になる（シャイン、2016年）。何か個人的なことを相手に尋ねる、あるいは自分の個人的なことを話すと、あっという間に「パーソニゼーション」が起きるのだ。たとえば、あなたが部下だとして、防寒着に身を包んでいる上司の写真に気づいたら、「ヨットがご趣味ですか」と尋ねてみよう。あるいは、家族写真が置いてあったら、「あなたのご家族ですか」と聞くといい。それがきっかけになって、すぐさま、より個人的な会話が始まるのである。

マネジャーとして「パーソナイズする」場合は、部下をできるかぎり「下に見ない」ようにしよう。「協力」や「共同責任」を強調し、部下の成功をあなたが積極的に支援するつもりであることを際立たせるためである。関係をレベル2へ深めることは、「互いに信頼し合って、いっそうよい仕事をするために、あなたについてもっとよく知りたい」と思っていることを、言葉と行動で表すことだ。親しくなって、互いの私生活を事細かに知る必要はない。ただ、仕事の問題については、率直かつ正直に話せるようになる必要があるのだ。

この関係には、より深いレベルの信頼と率直さが、必然的に含まれる。それは互いに、（1）約束を守り、（2）相手を貶めたり、合意したことに害をもたらしたりせず、（3）嘘をついたり、仕事に関わる情報を隠したりしない、ことによって築かれる信頼と率直さである。

プライバシーや礼儀に配慮しつつ、職場で、もっと近しく率直に話し、信頼し合う関係を築くことは可能だと、私たちは思っている。懇意にならなくても、職場以外の場で何かを一緒にしなくても、信頼し合い、仕事をやり遂げられるくらいに互いを深く知ることは、決して無理な話ではないのだ。

仕事上のレベル2の関係は、上司や部下がそうありたいと望んだからといって、それだけで自動的に生まれるわけではない。「パーソナイズする」努力をしながら交流を重ね、加減を測り、反応し、やがてレベル2のつながりをつくれたり、あるいはつくれなかったりするのである。先ほどの例で言えば、「ヨットがご趣味ですか」と尋ねられた上司は、うれしそうに対応するかもしれないし、素っ気なく対応するかもしれないが、それによって、「パーソナイズしたい」と思っているか否かについてサインを送ることになる。レベル2のつながりは、快適と感じる限界がどこか、個人的な問題に深入りしすぎだと脅威に思うポイントがどこかを、互いに明らかにし、率直さを加減しながら、徐々につくられるのである。

エイミー・エドモンドソンは、広く知られる著書『チームが機能するとはどういうことか』（英治出版）のなかで、次のように指摘している。「互いを知る」のに、「ともに学習する」ことほどよい方法はない。なぜなら、ともに学ぶときには、どうすればもっといい仕事ができるかについて、意見や提案をじかに伝え合えるからだ、と。伝え合ったからといって、必ず懇意になるわけではない。それは、仕事を成し遂げるというコンテクストにおいて、一個人として相手を知るということ、つまり、相手が持っているさまざまなスキルと、相手の性格のうち仕事の完遂に関係する面を、正確に把握するという意味である。

エドモンドソンは、新たな難しい手術に挑む外科チームについて研究し、説得力ある事例を紹介している。この手術に挑戦したものの、「複雑すぎる」として断念したチームは、おのおのの専門スキルに頼っていた。一方、新たな手順で手術を実施できたチームは、協力してほしいと依頼されたのちに、まず心臓外科医によって招集される。次いで、シミュレーションを行って、しばらく相互学習をするという共同意思決定を行い、その結果、信頼と率直さが高まっていた（エドモンドソン他、２００１年）。本書の事例１・５で紹介した外科医は、これを素早く行おうとしていた。そのため、術前チェックリストを共同で念入りに検討してほしいと、強く求めたのである。

現代においては、従業員を「エンゲージ」させ、個人的プロジェクトに取り組む時間を与え、彼らの才能をもっと組織的に機能させることが、きわめて重視されている。しかしながら、人がエンゲージできる対象は、役割ではなく、人である。マネジャーとして、従業員エンゲージメント、参画・関与、エンパワーメントを懸念するなら、まず、レベル２のつながりをつくることに力を注ぐべきなのだ。

まとめよう。仕事上の関係のレベルは結局、するべき仕事の質とリンクしている、と私たちは考えている。その仕事に、協力と、率直な話し合いと、互いの献身への信頼が不可欠であればあるほど、レベル2の「一個人として相手を見る《パーソナイズされた》」関係が必要になるのだ。レベル1の、単なる業務上の《トランザクショナルな》関係で十分な仕事は、今後もなくなることはないだろう。だが、私たちははっきり知らなければならない——そうした関係には、率直さと信頼の点で限界があること。もっと率直に話し、信頼し合う必要があると主張しても、それだけでは実現しないことを。経営文化をレベル1からレベル2へ進化させること、それが、謙虚なリーダーシップの最重要の責務なのである。

レベル3　親密さと愛着、友情、愛情

レベル3の結びつきは、打ち解けたレベル2のつながり以上の、「親密な」あるいは「近しい」友人関係と言われるものである。このレベルの関係では、感情がより深く絡んでいる。信頼と率直さの程度はレベル2と同じだが、さらに、必要に応じて積極的に支え合うことと、感情的で愛情を表す行動を、互いに進んで示すのが当然だとされている。レベル2では、支え合

うと同時に、互いに相手を傷つけない。レベル３では、助け合い、互いをより魅力的にする方法を、積極的に探していく。

私たちは、相手に対して明らかにする個人的な、秘めたと言ってもいい感情や感想や意見を、絶え間なく、徐々に増やしていくなかで、相手との関係を深めていく。そして、私たちが明らかにしたものに対し、今度は相手がどれくらい、みずからのことを明らかにするかによって、私たちが明らかにしたものを相手がどの程度、受け容れているかを測る。明らかにすることと受け容れることの、次々と変わる程度が、最終的に、両者が心地よいと思う親密さのレベルを決める。ただ、どれくらいのレベルになるかは、性格や状況しだいで変わることになる。「個人として相手を見ること《パーソニゼーション》」自体にも、さまざまなレベルがある。ごく近しい関係なら、互いの面子を守るという意味でも、個人的な領域――レベル３の関係であっても、誰もが持っている――を見定めるという意味でも、どれくらい個人的になるべきかをじっくり見て考える。仕事上の関係の場合も、取り組む課題によって、親しさのレベルが変わる。

一般に、組織で仕事をする際には、レベル３の関係は避けるものだとされている。なぜなら、そういう関係は、兄弟・友人に対するような親しさや、縁故主義や、えこひいきにつながるかもしれず、それらは、明らかな腐敗とは言わぬまでも仕事の妨げになると、経営文化では考えられているからである。上司は、自身の上司や、同僚や、部下の私生活に関わるべきではないとされている。職場恋愛は、とりわけ親密さを隠そうともしない場合、ふつう不適切と考えられる。金品を贈ることも、仕事のインセンティブとしては妥当と見なされない。これらをはじめ、適切なレベルの親しさか否かのさまざまな規範が、あらゆる仕事上の関係に用いられている。

レベル2とレベル3の違いは、基本的には程度の問題だ。また、境界は職種によって変わる可能性がある。だから、職場で境界を探るのは厄介だ——自分について少しプライベートなことを話したり、より個人的なことを互いに尋ねたりして、十分に受け容れてもらえるか、それとも不快に思われるかを測り、それによって、どれくらいの親密さが心地よく感じられるか、仕事をするのに適切かを知るのである。アメリカの労働文化を見ると、数年前から、この境界について詳しく知ろうとする動きがあるように思われる。なにしろ、「TMI（情報過多）」という言葉が日常的に使われるようになっているのだから（これは、共有される個人情報の程度が、適切と言える範囲を超えているにちがいないことを示す有用なサインだ）。なかには、個人的なことを尋ねたり答えたり話したりするのは自然なことで、何の抵抗もないという人もいる。一方で、迷惑に思う人もいる。ただ、さまざまな状況で「一個人として相手を見る《パーソナイズする》」方法については、誰もが知っている。そのため、職場におけるそのような会話——たとえ受け容れがたい、あるいは不適当と思う会話だとしても——を是認するという問題が、議論されることになる。肝心なのは、仕事を無事にやり遂げることだからである。

レベル2とレベル3の境界が、状況に応じて変わり、個人的で、共有され、ダイナミックになるのは避けられない。むろん、私たちの文化には、率直さと親密さについて基準と制限がある。私たち一人ひとりも、プライベートである、つまり親友や家族にしか話そうと思わないことの範囲について個人的な感覚を持っている。それでも、境界が状況に応じて変化するのは変わらない。また、尋常ならざる事態、たとえば、抜群のパフォーマンスをあげるチームを必要とする仕事や状況が生じる場合がある。そんなときは、専門家らしいレベル1の関係を築くのが常識だと思われる。だが、実際に成功するためには、レベル3にはるかに近い関係が不可欠だ。そのいくつかの事例については第5章で述べるが、そのような場合でも仕事を完遂するためには、次の3つのいずれかが欠かせない。それぞれの仕事の仕方をきわめて高いレベルで知り尽くしている。以心伝心で「相手の言いたいことがわかる」。あるいは、「超共感」とでも言えばいいのか、そうした感覚に基づき、いわば超感覚的に協働する、の3つである。

各レベルを定義するにあたり、私たちは、境界が最初からはっきりわかるとも、ほかの人たちの反応が予測可能であるとも述べてはいない。レベル2のつながりをつくるうえで重要なのは、率直さの程度の変化に応じて相手の反応がどう変わるかを測り、心地よさ――両者がともに相手を信頼し、互いに本音で率直に話していることを心から信じられるレベルの心地よさ――を探しながら、「パーソニゼーション」の境界を互いに見出すことなのだ。

最後にこの点を強調したい――レベル2のつながりは、いい人になることとも、懇意になることとも関係ない、と(そうであるに越したことはないし、それによって目標が達成しやすくなる可能性はあるが）。それでも、作業グループのなかでレベル2のつながりをつくることは不可欠だ。それをつくれたら、メンバー一人ひとりに心理的安全性をもたらすことができる。すなわち、双方向のコミュニケーションを始め、信頼を築き、それによって、よりうまくとは言わぬまでも、より早く仕事ができるようになるのである。

まとめと結論

この章では、関係という言葉の意味を明確にし、私たちが意識的あるいは無意識に、さまざまな状況での一連の行動を通じて関係を築いていることを述べた。その意味で、関係は「デザインして進化する」ものだと言える。そして、デザイン・プロセスは、2人（またはグループ）が交わす最初のひとことから、あるいは、監督責任者と新入社員が初めて顔を合わせる瞬間から始まる。

さまざまな度合いの信頼と率直さを特徴とする、関係の4つのレベルについても述べた（信頼と率直さの度合いは、「パーソニゼーション」の程度に応じて決まる）。4つのレベルの定義は、両極では、かなり鮮明だ。ただ、「仕事上の関係」に限れば、レベル1であっても、仕事や役割が明確に定義されているために、かなり率直に話し、信頼し合っている場合があるし、レベル2

に関しても、どこまで「パーソナイズ」するかは、仕事しだいでさまざまに変わる。
謙虚なリーダーシップにとっての挑戦は、レベル2の信頼と率直さを築くことだ。それも、より個人的なことを尋ねたり話したりしながら、同時に、レベル1のほどほどの距離感を保って堅苦しくなることも、レベル3の親密さと捉えられかねないほどプライベートに踏み込むのも、避けることによってである。謙虚なリーダーシップというスキルは、堅苦しすぎるという一方の極と、親密すぎるというもう一方の極の間で、巧みにバランスをとる力のことなのだ。

単なる業務上の《トランザクショナルな》役割ベースの関係は、「相手を一個人として見る《パーソナイズされた》」レベル2のつながりへシフトする必要がある。

第3章
統治における謙虚なリーダーシップ
——シンガポール・ストーリー

謙虚なリーダーシップの典型例として、ここでシンガポールのケースを挙げることに、読者は首をかしげるかもしれない。なぜなら、シンガポールは独裁国家の例として紹介されることが多いからである。独裁と謙虚なリーダーシップは、全く相容れないように思えるかもしれない。だが、リー・クアンユーやゴー・ケンスイをはじめとする建国期のリーダーたちが、経済的に衰退しつつある植民地を現代都市国家へ生まれ変わらせるために使った手法には、重要なポイントが二つ、示されている。一つは、謙虚なリーダーシップが優しくも心地よくもないこと。もう一つは、謙虚なリーダーシップが組織を通して受け継がれ、政府と、政府がつくる重要な経済関連機関の至るところに、レベル2の文化を築きうることである。私たちは、こう思っている——シンガポールの経済的成功に、謙虚なリーダーシップが大きな役割を果たしたのだ、と。

本書の著者の一人であるエドガーとその妻メアリーは、1993年～1995年に、シンガポール経済開発庁（EDB）の文化について観察とインタビューを行った。この数十年間には、多くのシンガポール人を訪ねて（最近では2017年、スタンフォード訪問中のフィリップ・ヨーを訪ねた）、やはり観察とインタビューを行った（シャイン、1996年。シャイン&シャイン、2017年）。それらを検討し、ポイントをまとめたものを、これから紹介しよう。

歴史的概要

シンガポールのストーリーには、謙虚なリーダーシップがはっきりと見て取れる。リーと仲間たちが、1940年代に留学先のイギリスで親しくなったのをきっかけに、きわめて強いレベル2の関係を築いていたからである。彼らは承知していた。未来のリーダーである自分たちの仕事が、おそらく、信じがたいほど複雑で野心的なものになること、そのうえ、長期にわたる戦略的目標と短期の実際的な行動の両方に、次から次へと取り組む必要があることを。

複雑な社会 - 技術問題があることにも、彼らは気づいていた。シンガポールが経済的に生き残れるかどうかは、主要各国に投資してもらえるかどうかにかかっており、それは、懐疑的な外国の投資家にとって魅力的で安心できる環境をシンガポールが生み出さないかぎり、不可能だからである。その意味するところは明らかだった。すなわち、国を「きれいに」し、市民の行動のさまざまな面を変え、政治的な腐敗をゼロにすることだった。

長期戦略（外国から投資を呼び込み、企業に工場や研究センターをシンガポールに建設してもらうこと）で最も難しいのは、約束を守れる政府、汚職がゼロの、百パーセント信頼できる政府をつくることだった。シンガポールに投資したCEOにインタビューし、その投資をした理由を問うと、彼らはまず、こう述べた。「汚職が皆無であること、そして約束が守られることだ」と（シャイン、1996年）。

シンガポールを外国のエグゼクティブの目に魅力的に映るようにするために、リーと彼の「チーム」は、厳格な規則を定めて、国をきれいにした。訪れた人たちが「チューリッヒ空港を思い出す」と感嘆するほど清潔な空港も建設した。こうした独裁政策を国民が受け容れやすくなるように、リーは、それらの政策が、経済発展を狙った戦略に基づいていることを鮮明にした。経済を発展させることによってすべての国民に仕事と住宅をもたらすとする戦略であり、リーは、仕事と住宅の両方にすぐさま対応して、それらの政策を後押しした。

この経済計画は、1961年に経済開発庁が設立されることによって施行されることになる。経済開発庁とは、初代チーフ・エグゼクティブになったフィリップ・ヨーをはじめ、シンガポールきっての優秀なエグゼクティブが大勢集まる準政府機関だ。この機関では、誰もが複数の仕事を担当した。そして、シンガポールを建国するという共通の目的を軸に、皆がチームとして活動することが中心的な価値観になった。その実現に不可欠なのは、この機関の全メンバーが、高いレベルの率直さと信頼と協力を生み出すことだった。そのような協力を確実にする一つの仕組みとして、最高幹部が複数の仕事を担当し、絶えず持ちまわり、この組織のあらゆる要素に精通する、という方法がとられた。先述した事例1・1の場合と同様、仕事を持ちまわることによって、「グループとしての責任」が強化され、個人の責任をしっかりと補完し、ほかのシステムであれば競い合うことが少なくない部門（ユニット）間での協働が促されたのである。

そのように率直に話し、信頼し合うチームとなって、外国の投資家と仕事ができる政府をつくるために、リーは、選りすぐりのシンガポール人を採用し、多額の奨学金を支給して海外の名門大学へ留学させ、帰国後は、民間に負けない給与レベルで5年間、政府で仕事をさせていた。

このコンテクストにおいて、謙虚なリーダーシップは、さまざまな形で現れた。まず、リーと仲間たちは、国連と、自分たちと同じく若い国を築いた経験があるかもしれないヨーロッパ諸国に、支援と助言を求めた。リーは、自分が何を知らないかを知っており、援助を求めることに全く躊躇がなかった。さまざまな企業がシンガポールで活動していたため、官僚たちも、何かにつけ最善の方法を、ためらうことなく産業界から学んだ。1994年にエドガーからインタビューを受けたとき、リーは、人事管理に関するマニュアル一式を、誇らしげに取り出した。政府で使うことを、指示しているのだという。そしてこう述べた。このマニュアルを採用したのは、自分が高く評価しているロイヤル・ダッチ・シェル社が使っているからだ、と。

経済開発庁という組織を見てわかるとおり、階層的・官僚主義的だからといって、無条件に、本書の第1章、第2章で述べた問題が引き起こされるわけではない。むしろ、率直に話し、信頼し合う関係、つまりレベル2のつながりをつくることが指針になっているなら、厳格なヒエラルキーと、明確な役割の両方を持つことは可能だ。ただし、全員が互いを適切なレベルで個人的に知ること、共通かつ全体の目標を共有することが重視される必要がある。

経済開発庁の官僚は、現在または未来の投資家に関する情報が含まれているかぎり、階層の上下を問わず、誰とでも話す許諾と権限の両方を持っていた。昇進は明確に、個人的な能力と、他の官僚と協力できるたしかな力とを、総合して判断された。複数の仕事を絶えず持ちまわることによって、誰もがほかの全員と親しくなり、その結果、信頼と率直さが維持された。経済開発庁の若い官僚にインタビューすると、決まってこの答えが返ってきた。昇進をめぐって自分たちは競い合っている。ただし、チームを組み、一丸となって仕事ができることが、評価を競うにあたっての主要な基準の一つになっている、と。

経済開発庁は国際的な組織になり、シンガポールへの投資につながる関係を築くために、あらゆる主要な工業地帯に官僚を置いた。経済開発庁の官僚は、専門的な内容についてきわめて高い教養と知識を持ち、仕事に必要な対人能力に関して十分に訓練を受けていた。本部や互いとの連絡は、とても密で、これ以上ないほど率直だった。経済開発庁は、制度上は、昔ながらの階層的・官僚主義的な組織だった。だが、相互につながり合うチームとして機能することができた。考えを率直に伝え合うことによって生まれる心からの信頼が、それを可能にしていた。

リーが指揮しているのは明らかであり、彼は強力な独裁者だと世の多くの人に目された。結果として、反対意見を述べて彼の長期戦略を脅かそうとする政党を抑圧しているとの強い批判を受けたが、彼は、人々に仕事と住宅を与えるという約束を果たすことによって、行動の正当性を示した。また、いずれ跡を継がせるべく息子を育てたことで、当然ながら、身内びいきだという悪いイメージをつくってしまった。一方で明らかだったのは、シンガポールを発展させ続けるのに必要なあらゆる才能を、息子が示さなければならないことだった。組織デザインにおいて欠陥となるのは、身内びいきそれ自体ではなく、必要な管理能力のない身内を登用することだ。シンガポール政府はきわめて率直に話をするので、もし息子に才能がなかったら、そのことが明らかになっただけでなく、息子が跡を継ぐことは不可能だっただろう。

思いがけず確認できたこと

シンガポールの成功は、今では広く知られている。そして、政府内に築かれたレベル2の文化が今日すばらしい成果を生み続けていることを、私たちは、フィリップ・ヨーの訪問により、自分たちの目で確認することができた。フィリップは、エドガーとは数十年来の付き合いだ。スタンフォードを訪れるにあたり、構内にあるバイオテクノ研究所でのミーティングに、私たち（ピーターとエドガー）を招待してくれたのである。

フィリップは、経済開発庁の長官をはじめ、政府のさまざまな職務を歴任した。国防省を運営したり、バイオテクノロジー部門を構築したりといった仕事もあったため、必然的に、シンガポールで研究と生産を行ってくれるバイオテクノロジー企業を探し、提携することになった。フィリップは、そういうドイツの企業を2016年に見つけていた。研究については、スタンフォードの選ばれた教授たちと関係を築きつつあった。

フィリップとエドガーは、経済開発庁の研究プロジェクトがきっかけで親しくなった。そこでフィリップは、エドガーを訪ね、ピーターに会い、シンガポールが提携しているドイツの会社のリーダーたちに、私たち2人を紹介したいと考えた。そのミーティングが実にざっくばらんであったこと、フィリップが私たちに対しても、バイオテクノロジー企業の2人のエグゼクティブ（ドイツ人のCEOとアメリカ人のCOO）に対しても、きわめて率直に話すことに、私たちは目を見はった。ミーティングは、3タイプの社会的地位、3つの文化、2人の部外者が集まって行われた。その点を考えれば、新しい会社、シンガポール、そして世界で起きているあらゆる側面についての、1時間以上にわたる話し合いにおいて、あれほど本音で話ができたのは、まさに驚くべきことであった。

フィリップを見て感じたのは、彼が意欲旺盛で、起業家精神にあふれ、迅速に行動するエグゼクティブであると同時に、「パーソナイズする（相手を一個人として見る）」力をたしかに持っており、ゆえに、経営チームのエグゼクティブたちと素早くレベル2の関係をつくれることだった。このことは、ペー・シンフイが最近書いたフィリップ・ヨーの自伝にも記されている（ペー、2016年）。インタビューを受けて、フィリップは自分を、セールスマン、勝負師、やり手であり、「Why?」と理由を尋ねるより「Why not?」と提案したり同意したりする人間だと述べているのだ。この点をことさら取り上げるのは、レベル2の「パーソニゼーション」と、偉大なリーダーや起業家が持つ他のダイナミックな性質とが、全く矛盾しないことを、強く示唆するためである。

ペーは、フィリップの同僚に大勢インタビューした。彼らはみずからを「Mad Cows（怒れる牛）」と呼ぶ。「Making A Difference, Changing Our World（変化をもたらし、世界を変える）」の頭文字をとった呼び名だ。彼らの評によれば、フィリップのリーダーシップ・スタイルは「凧《たこ》揚げ」だという。

人々の力を最大限に引き出そうと思うなら、家父長的であってはいけない。人々に対しては、凧を扱うように、接する必要があるのだ……彼らを空高く放て。もし風がなければ、もう一度放ってみよ。上昇を、誰もが必要としている。彼らが面倒を起こしたら、糸を巻いて引き寄せよう。（ペー、２０１６年、２０４頁）

フィリップは、細かく管理するのを嫌った。凧を自由に飛ばせたのである。これは、たぐいまれな才能を持つ、たぐいまれな人物だから為しえる、珍しいケースなのだろうか。エドガーが１９９０年代半ばに研究を行ったときには、そういう人物が大勢いたように思われるが、自伝のなかでフィリップは次のように繰り返し主張している。彼の起業家精神あふれる活動を、上司のゴー・ケンスイが強力に後押ししてくれていた。とかく論争の的になる判断を、リスクを覚悟のうえで擁護してくれることも少なくなかった、と。それができたのは、リーとゴーとフィリップの間に、「互いに知己である」ことに基づくゆるぎない信頼があったからであり、フィリップが、最近の企業買収において採用し、頼りに思う人々と親しくなっていたからであった。

これまでのところ、シンガポールは、レベル２の文化を維持し、レベル１の（サイロにおける）分裂とそれに伴う率直さと信頼の喪失へ後退せずにいるようである。このストーリーを深く考えるにつれて明らかになるのは、建国者と後継のリーダーたちの間にレベル2のつながりが不可欠だったこと、そのような関係を維持することが力強い成長を続けるうえでいかに重要であるかを、彼らがチームとして認識していたことだ。そして、こう言っても過言でない。それができるかどうかは、選りすぐりの人材を探し出し、彼らに高度な教育を受けさせ、実業界に負けない給与レベルで行政府で雇用し、包括的な戦略目標に向かって協働することの価値を高められるかどうかにかかっていた、と。

役割と関係の進化——成長と自信過剰

統治プロセスを率いるリーダーたちが、互いの間にレベル2の関係をつくれているなら、彼らは階層組織のなかにも、きわめて率直に話し、深く信頼し合う文化的規範を生み出すことができる。これを達成するためには、役割を固定しないこと、そして、中心的な仕事を幹部の間で頻繁に持ちまわり、ほかの人の仕事がどのようなものかを一人ひとりが知るという方法が効果的である。

あらためて、伝えておこう。謙虚なリーダーシップはプロセスであり、そこには人物の特性よりも、むしろグループが仕事にもたらす共通の価値観が示される。小さなスタートアップや一点集中型の企業では、率直さと信頼の維持が何より重要であるため、それは、呼吸するのと同じくらい当たり前で、存続するのに不可欠になっているかもしれない。だが、年月を重ね、成功し、成長して、リーダーが世代交代すると（事例1・3で紹介したDECのように）、謙虚なリーダーシップにとって、みずからの成功が災いする場合がある。

私たちはこう考えている。組織の規模拡大に伴う本当のリスクは、レベル1の単なる業務上の《トランザクショナルな》リーダーシップに逆戻りして「ほどほどの距離感」をつくってしまい、そのせいで、新たな、よりよいやり方が見えることも、適切な人々とレベル2のつながりをつくって新しい方向へ導くこともなくなってしまうことだ、と。関連するリスクとして、えこひいきや縁故主義が生じるおそれもある。選ばれたチームメンバーや血縁者がなんらかの役割に延々と就く。すると、自然に生まれるリーダーの新たな、よりよい考えを採用しないばかりか、彼らを遠ざける結果になってしまう。また、もとは謙虚だったリーダーが、権力欲や自己中心的な姿勢を持つおそれもある。率直さや柔軟性があればこそ当初の成功が生まれたのに、それらを大切にするのではなく、自分は優秀なのだと思い込むかもしれないのだ。こうしたことがどれくらい起きているか、あるいは、シンガポールの歴史が長くなるにつれて起きるかは、今はまだ不明である。

シンガポール・ストーリーからの学び

▼主要なリーダーたちが生んだ協力的なグループは、率直に話し、信頼し合う関係をつくっていた。このグループは、自分たちが指令を発し、実施する重要な構造的改革について、協力して計画を立て、責任を負うことができた。

▼率直に話し、信頼できる、新しいタイプの政府をつくるために、彼らは長期計画を立てた。同窓生が民間企業で実現しているのと同等の給与レベルの仕事を創出し、それによって、シンガポール屈指の優秀な人材を育てる、という長期計画であった。

▼率直に話し、信頼し合う関係は、統治機構および関連する経済・政治構造のあらゆるレベルで重視された。

▼統治にあたって独裁的な権力を短期間使うことは、解決されるべき深刻な社会－技術問題がある場合には正当化できる。

▼謙虚なリーダーシップを軸に築かれた文化は、組織が成長し、古く、大きくなるにつれ、

どうしても思わぬ方向へ変わっていく。リーダーは、組織を徐々にむしばむ力——絶え間ない適応を促進するレベル２の率直さではなく、縁故者や慣例を大事にしてしまう力——に警戒する必要がある。

謙虚なリーダーシップは、シンガポールの政治リーダーたちに、国の経済開発を変革する力を与えた。

第4章
医療センターをレベル2の文化へ変革する

検討を進めるのにちょうどよいタイミングだと思われるので、病院を舞台とするこの事例を考えよう。スタッフが、階層も職務上の垣根も越えて会話したり仕事をしたりするときにも、何より重要なことには患者とその家族に接するときにも、常に関係をレベル2へ深める方向へ、組織全体がシフトした事例である。病院が、レベル2の文化と言えるものを組織を挙げて考案・維持するなど、可能なのだろうか。

医療機関が、高度な調整を必要とする仕事について、そういう方向へシフトしつつあるのは間違いないだろう（ギッテル、2016年）。多くの病院が、さまざまな再構築モデルを使い、業務プロセスの見直しを図るべく工夫を重ねているのはたしかだ。また、患者と家族にもっと積極的に医療の専門家と関わってもらい、「全体的な健康」を向上させることによって、健康を

「ともにつくる」必要性が大いにあることもわかっている（ネルソン他、2007年）。手術室（エドモンドソン、2012年）や救急救命室（バレンタイン&エドモンドソン、2015年。バレンタイン、2017年）でも、新たな協力体制がとられていることをはっきり確認できる。そして、シアトルのバージニア・メイソン医療センターの事例には、理事会とCEOと経営幹部が15年にわたって真摯に努力を重ね、「患者にとって最善のことを行う」という包括的な価値観を軸に、病院全体の文化をレベル2へと進化させたことが示されているのである。

バージニア・メイソン医療センターのストーリーは、2000年に始まって以来、事細かに記録されてきた。何ができるかを示すうえで重要だからである（ケニー、2011年。プルセック、2014年）。この事例について、私たちは次の二点に基づいて検討を行っている。一つは、改革が実現されるまでの膨大な記録。もう一つは、エドガーがCEOのゲイリー・カプランおよび同センターの大勢のエグゼクティブと、10年以上にわたって個人的に行ってきた数々の会話である。エドガーは、同センターのシニア・エグゼクティブ32人とも会合をひらいて、組織文化の進化と、チェンジ・マネジメントというテーマについて話し合ってきた。こうした会合から、トップ・エグゼクティブが互いにどのように関わり合っているかについて、直接的にデータを得ることができた。

「新たな合意」を生み出す

バージニア・メイソン医療センターの改革は、財政状況が厳しいときに始まった。在職20年だった前CEOの後任に任命されたゲイリー・カプランは、同センターの内科の医学博士で、以前から、センター全体の病院としての質を向上させたいと考えていた。エドガーが同センターのストーリーをカプランから聞いたのは、2006年、7人のシニア・エグゼクティブと会合をひらいているときだ。7人は、年に一度の3日にわたる「シンクタンク」ディスカッションに呼ばれていた。このディスカッションは、マサチューセッツ州ロックポートにあるジャック・シルバーシン、メアリー・ジェーン・コルナキ夫妻の自宅で行われ、夫妻がファシリテーターを務めた。シルバーシンは、病院の経営者の間でよく知られていた。経営者および主要な医師らとワークショップをひらき、医師と経営者の間でどんな「合意」ができるかについて、再デザインしていたためである（シルバーシン&コルナキ、2000年、2012年。コルナキ、2015年）。

改革プログラムというものは、多くが軌道に乗らず、といって失敗もしない。なぜなら、医師サイドと経営者サイドの根底にある文化的価値観が、さまざまなレベルで折り合っておらず、組織の未来に対するビジョンを両者が共有していないからである。シルバーシンは、いくつもの病院に関わり、それぞれの病院が組織として協調できるようになることを目標に、内容の濃いワークショップを行ってきた。まず、未来に対するビジョンを共有してもらう。次いで、そのビジョンをめざし、組織として進んでいくために何をするかに関して、医師と経営者の互いの、かつ明確な期待を、はっきり述べてもらうのである。そうして新しい合意ができると、関係する全員が、その合意を指針にして行動するか、導いてもらうか、実現のために手を貸すか、あるいは——新たな規範になじめないことが明らかになった時点で——組織を去ることになる。

バージニア・メイソン医療センターの徹底的な改革には、シニア・エグゼクティブ、つまり経営者と医師双方の献身と熱意が欠かせないことが、カプランにははっきりわかっていた。単なる業務上の《トランザクショナルな》レベル1の関係を超えるものが必須だと、直観的に見抜いていたのである。だから、シルバーシンに依頼した——医師を含めたキーパーソンにインタビューを実施して、今、新たな合意をすることが、この医療センターの向上に役立つかどうかを確かめてほしい、と。確認後、合意に基づいて行動できるようになってもらうには、数百人の主要な医師と経営サイドの人々に、より個人的に知り合ってもらう必要があった。そこでリトリートが実施され、両サイドの人々は、共通点を見出し、患者の健康と経験にとっての最善をじっくり考え、次いでレベル2のつながりをつくり始めた。だが、それは最初の一歩にすぎなかった。

改革の方法を選ぶ

バージニア・メイソン医療センターの至るところでリーン方式（トヨタ生産方式）の導入が進んでいることを、私たちは、年に一度のロックポートでの会合でたびたび話題にした。というのは、第一に、患者の安全と総合的な経験を変革の要とすることについて医師の間で新たな合意ができたこと、第二に、同センターの業務プロセスが分析・改善されたことが、それぞれ証明されていたからである。カプランは、CEOに就任してすぐに、こう確信した。改革モデルを一つ選び、そのモデルを、変革プログラムに関わる全員に学んでもらわないかぎり、システム全体を変えることはできない、と。改革をマネジメントするための共通の語彙および標準プロセスを備えた統一モデルなら、「パーソニゼーション」をより早く進めることもできる。カプランはトヨタ生産方式について、キャロリン・コルヴィから詳しく教わった。ボーイング社のトヨタ生産方式導入に深く関与した同社のシニア・エグゼクティブであり、カプランに、バージニア・メイソン医療センターへもその方式の導入を検討するよう熱心に勧めたのである。コルヴィはその後、同医療センターの理事長に就任することになる。この医療センターのエグゼクティブがたまたま機内で出会ったコンサルタントが、トヨタ生産方式に詳しく、カプランと彼のチームがこの方式をもっと詳細に検討できるよう、計らってくれたのだった。

理事会とシニア・エグゼクティブを巻き込む

カプランがもう一つ確信したのは、改革へ向けて、一つの方法に共同で責任を負うためには、主要メンバーに、その方法を確実に理解し、受け容れてもらう必要があることだった。そこで、リーン／トヨタ生産方式に試す価値があると判断すると、彼は主だった医師、経営幹部、理事らを大勢連れて、日本を訪れた。そして2週間にわたり、トヨタ生産方式がどのように、自動車をはじめとする日本の産業界で活かされているかを視察した。滞在の最終日、一行は、この方式をぜひ自分たちの医療センターに導入しようと心に決めた。

カプランには、わかっていた。この方式が実際に機能しているのをみずからの目で見て、そのうえで、医療センターの運営にどう役立つかをイメージできなければ、会得は無理だ、と。彼らは、まずは真似て確認することによって、その後は試行錯誤することによって学んだ。それから独自のプロジェクトを開始した。

２０１７年３月、エドガーはカプランと話した際に、理事会を巻き込むことはどれくらい重要かと尋ねた。カプランは、あらためて断言した。理事たちが積極的に関わってくれなければ、ここシアトルで、景気が浮き沈みするなかにあってなお、新しいプログラムを数十年にわたって持続させることはできなかった、と。彼は次のように即答した。

理事会を巻き込むのは、絶対に不可欠だ。それもあって、いつも多くの理事を日本へ連れていった。日本訪問は、今では年中行事になっている。

彼はさらに、学習プロセスと、理事会の支援を得る本当の意味について、重要な気づきを話した。

理事会メンバーにとって、プログラムを理解し、受け容れるだけでは不十分だ。なぜなら、医師と経営幹部がやり遂げなければならない抜本的改革のいくつかにおいて、自分が個人としてどんなことを行うのかを、本当には理解していないからだ。理解するには、知識として知るだけでなく、個人的な学習体験をする必要がある。そうすれば、改革に積極的な熱意を持てるようになるのだ。

トヨタ生産方式を理解し、熟知することも不可欠だった。組織全体としてこの方式の仕組みをしっかり把握しなければ、改革の多くを実現できるはずがなかったからだ。日本へ視察に行き、ともに学ぶことによって、つながりができ、理事会は重要な支援システムとして頼もしい働きをしてくれるようになった。

今では、理事会の全メンバーにとって、3年の任期の1期目に2週間、日本へ行ってこの学習体験をすることが、再任の資格を得るための必須条件になっている。

カプランが述べたことは、私たちが参加して実際に見てきた多くの改革プロジェクトのなかで、繰り返し学んだことと同じだった。そうしたプロジェクトは、たとえ今はうまくいっていても、頓挫することが少なくない。理事会が変革プロセスを理解しないまま、次のCEOを迎えてしまうためである。新しいCEOがすでに始まっている進歩を理解していない場合、そのCEOはたいてい、改善プロセスを打ち切るか逆行させるかし、関係をレベル1へ後退させてしまうのだ。

トヨタ生産方式の導入といくつかの結果

カプランは、変革を強制できないことも理解していた。そのため、日本訪問から帰ったのちは、改善活動に関するワークショップを経験することが、医師と全スタッフにとって、きわめて重要になった。一人ひとりが、変革と自分自身の仕事との関わりを理解し始めた。次いでチームが、具体的な改善活動に進んで参加するようになった。チームに求められたのは、提案し、合意を得たのちに、トヨタ生産方式の詳細を習得し、全員が連携できるようになることである。こうした活動を行うなかで、必然的に、提案された変革の影響を受ける組織の全メンバーとレベル2のつながりをつくり、決定事項を確実に理解・実行することになった。

アメリカの産業界では、トヨタ生産方式が導入されるとたいてい、製造技術の専門家が仕事を観察し、作業プロセスについて従業員にインタビューしてプロセスの再デザインを始め、その後、自分たちが考えた解決策を組織のメンバーに押しつけようとする。結果として、専門家の解決策に対し、抵抗やあからさまな拒絶を生み出しているケースがとても多くなってしまっている。そのような抵抗を避けるために、バージニア・メイソン医療センターのリーダーたちは、あらゆるレベルの関係者――医師、看護師、技術者、調剤など関係職務にあたるメンバー、さらには患者とその家族――を巻き込んだ。この拡大されたステークホルダーのグループがあればこそ、かつて意味を持っていた仕事のやり方を、新たな、よりよい進め方へ調整し、次いで実行できたのだった。

カプランは、改革が成功した主な理由について、次のように述べた。提案された改革が望ましいかどうかの最終的な判断を、共通の目標に適っているかどうか――「この改革を行えば、患者の総合的な経験の質を高められるか否か」――によって下すことを、すべての最高幹部、とりわけ理事会が受け容れたからだ、と。その目標は、あとから考えれば当然に思えるかもしれないが、作業チームが以前から実施されていたシステムを検討した際、そのシステムがもともと医師にとって最良の経験となるようにつくられていたことがわかることもあったのだ。

産業界で改革プログラムが失敗するのは、経営上の必要性が原因である場合が多いことも確認された。経費削減や生産性向上をめざして「抜本的な見直し」があれこれ行われるものの、改革の旗振りをする人々への影響も、技術者によって設計された新システムを使うことになる人々への影響も、考慮されていなかったのである。その点、バージニア・メイソン医療センターのプロジェクトは、もっと長期的な視野に立っていた。あらゆる人が変革プログラムに関わり、質と生産性の両方を、長い時間をかけて向上させたのである（ケニー、2011年。プルセック、2014年）。

同センターにある、がんセンターの再デザインを例にとろう。医師やスタッフではなく、患者にとって効果的かつ快適になることを目標にすると、ハードルがぐっと高くなった。患者に病院内をあちこち移動して診断や治療を受けてもらうのをやめて、診断装置と治療プロセスのいっさいを、一つのエリアに集めることが必要になったのだ。やがて、皮膚科のスペースを使えたら、がんセンターにとって理想的な形で目標を達成できることがわかったが、そのためには、幹部チームが皮膚科と調整を図り、スペースを譲ってもらう必要があった。これは、皮膚科と連携し、彼らにとってよりよいスペースをデザインすることによって実現された。ただし、長い年月にわたり、ことあるごとに、強固な関係をつくることが必要になった。このプロセスによって明確になったのは、そのような改革が成功・持続するための方法は一つしかないということだ。プロセスに関わる全員が、関係をレベル2へ深めて、率直に話し、互いの尽力を信頼し、何より重要なことには、改革の考案・実践に積極的に関わるほかないのである。

この徹底した取り組みがその後数年にわたって続けられた結果、同医療センターの多くの業務が改革された。たとえば、救急救命室は、ただちに診断と治療を行って、待ち時間と不安を劇的に減らすことに成功した。プライマリー・ケア（初期診療）を担う医療施設は、重要な仕事を一箇所に集約することによって、一連の作業をよりスムーズに進められるようになった。病室は、ナース・ステーションではなく、看護師と患者の交流を重視して割り振られるため、看護師は患者との関係をよりよいものにできた。

新たに設けられた患者安全警報システムは、トヨタの生産ラインで行われる「ラインを止める」の病院バージョンだ。現場で治療にあたるメンバーの誰かがなんらかの問題に気づいたら、そのメンバーは治療を止めて、すぐさまチェックを行えるのだ。この患者安全警報システムによって、関係するすべてのチームメンバーおよびリーダーたちがすみやかに一箇所に集まり、問題と、何をする必要があるかを、迅速に理解できるようになった。これにより、センターの各所で関係がより密になった。

診断あるいは治療でミスが起きた場合には、ミスを皆で確認することがプロセスに織り込まれ、結果として、従来のように咎めるべき人を特定するのではなく、システム上の原因が特定・修正された。全員が関わり、「安心して発言できる」風土がつくられたために、ミスを生む複雑な相互作用が突きとめられたのである。

この点は間違いない——自分の目で観察し、一人ひとりと話すことを土台として、組織の上位3レベルの人々の間で信頼し合う空気がプログラムの最初から生み出されていたために、彼らは部署間の対立という問題に、より建設的に対処できたのだ。高いレベルの率直さと信頼が、このグループにはあった。だから、経済的・政治的な複雑さが増し、財務的に逼迫しているときでさえ、患者の安全および質の高い経験を維持できたのだった。

リフレクション――謙虚なリーダーシップとしてのファシリテーション

リーダーシップという言葉からは新しい立派なビジョンを連想しがちだが、それは、バージニア・メイソン医療センターのストーリーでも同様である。もしゲイリー・カプランが、変革を成功させるという明確なビジョンを持ち、ひたむきに取り組まなかったら、同センターのプログラムは、ほかの多くのプログラム同様、行き詰まってしまっていただろう。そこで、カプランが謙虚なリーダーとして数え切れないほどの介入、というよりむしろプロセス・コンサルティングの領域だと思われること――「謙虚なコンサルティング」（シャイン、2016年）――をみずから行い、ビジョンの実現を促進したことに、スポットを当てよう。

この話をするのは、謙虚なリーダーシップの核心だと私たちが考えているもの――つまり、マインドセット、対人関係プロセスおよびグループ・プロセス・スキル、レベル2の関係を組織の隅々にまで広げるグループ・スキル、これらすべてが合わさって、ビジョンを実現し、持続させるのだということ――に注目してもらうためだ。理事会メンバーを日本へ連れていく等のプロセスの決定は、新たな考えや価値観を根付かせるのに不可欠な、長期にわたる関係構築の手本と言える。そのような決定は、本当は謙虚なリーダーシップの真髄というべき最重要の行動と考えるべきなのに、「ファシリテーション」という誤った呼び名で呼ばれてしまいがちなのだ。

プロセス・コンサルテーションや支援について書いた以前の著作のなかで、エドガーは、そのようなファシリテーションや支援スキルを、どのリーダーも能力の一つとして持つ必要があると、繰り返し述べた。だが、複雑かつ相互依存する現代においては、そのようなファシリテーションや支援スキルが、既存のリーダーシップの主要な能力になっていることと、そうしたスキルが組織のあらゆるレベルで発揮される必要が増していることを、ぜひ伝えたい。今後は、ヒエラルキーにおける昇進も、専門知識や十分な実績と同じくらい、そのような対人関係プロセスおよびグループ・プロセス・スキルに基づいて判断されることになるだろう。

これからは、次の考えを重要視していく必要がある。ファシリテーション、コーチング、トラブルシューティング、触媒などの介入を基本的な行動にしてリーダーシップをとると、作業グループが新たな、よりよいことを始める、という考えである。また、問題解決には効果的なミーティングが欠かせないため（グループ・センスメーキング）、謙虚なリーダーシップでは必ず、ミーティングの招集と効果的な運営を伴うことになる。私たちは認識する必要があるのだ――グループをチームに変え、協力関係を育み、コンセンサスを図り、問題を解決することが、謙虚なリーダーシップのスキルにほかならないことを。今日の組織で組織開発コンサルタントが依頼されることの多くが、今後は、あらゆるレベルの組織において、謙虚なリーダーシップの基本的なスキルになるのである。

必ず頭をもたげるのは、この疑問だ――バージニア・メイソン医療センターで行われたような抜本的な改革は、財務的危機が生じて理事会の注意を引かなくても、起こり得たのか否か。比較的成功している組織は、だんだん近視眼的になり、潜在的な問題が見えなくなって、予算を大幅に超過したり、四半期の収益がふいになったり、重大な事故が起きたり、1人か2人死者が出たりといった問題が起きてしまう（組織は、競争相手の行動に目を凝らしており、そこから学ぶことができるはずなのだが）。残念ながら、組織はやがて、先見の明のあるリーダーを雇うかもしれないが、そのリーダーはレベル1のリーダーシップ・モデルが染みついてしまっている。そのため、レベル1のトップダウンのプロセスに従って大きな改革をしようとし、組織を再編して、わかりやすい変化を生み出すものの、より大きな仕事のために組織を去り、文化がほとんど変わらなかったことには気づかずじまいになる。変革のチャンスが無駄にされてしまっているケースが、あまりに多いのである。

変革についての主な学び

▼バージニア・メイソン医療センターの事例での学びは、CEOが、「患者の安全と健康に役立つよう、あらゆることをデザインする」をただ一つの目標とし、それを中心にして、理事会やシニア・エグゼクティブとレベル2の関係をつくることから始めた点である。

▼CEOは、関係を「パーソナイズ」するためにまず、エグゼクティブ・チームと理事たちを日本へ連れていき、トヨタ生産方式をじかに経験させ、何より重要なこととして、ともに学ばせた。その後の、年に一度の日本訪問の際には、自然に生まれるリーダーと医師と現場スタッフが参加している。

▼改革を確実に持続させ、新しい関係を後押しするために、CEOはすべての人に、同じ改革モデルを学ぶように求めた。ともに学ぶことで、レベル2のつながりがさらに強まった。

医療センターのCEOは、理事会、および同センターのあらゆる人とレベル2の関係を築いて、抜本的な改革を成し遂げた。

第5章
アメリカ軍における謙虚なリーダーシップ

なんらかの序列、正式な階級、あるいは暗黙の身分の差は、どんな人間のシステムにも存在する。ヒエラルキーは、組織という生きものの構造上の特徴なのだ（ただし、序列が上の者と下の者の間で実際に起きることは、自動的に決まるわけではない）。大学でなら経営陣と教授陣の間に、専門サービス企業では上級社員と下級社員の間に、序列がある。立法府では委員長と古株の間に、大規模な研究プロジェクトではさまざまな地位の権威者の間に、序列がある。むろん、医療施設にも明確にレベル分けされた権限や地位があり、手術室担当の人々は4つもの階層を持ちながら一つのチームとして機能している。

レベル2の関係が最もそぐわないと思われる組織は、アメリカ軍だ。軍における人間関係の基本パターンは、「指揮官の命令に従う」なのである。このパターンを生んだのは軍の歴史だと言っていいだろう。軍隊に所属する者は、どれほど理不尽あるいは愚かな命令であろうと、従えるようになることが肝要だと、その歴史にはっきり示されているのである。一方で、同じ軍の歴史には、個人の英雄のストーリーも数多く残されている。そうした英雄は、現状に全く合っていないからという理由で命令に従わないことを選び、その結果、同胞を救ったり、重要な戦闘に勝利したりした（もしくはその両方を成し遂げた）。

近年の戦闘にまつわるストーリーを見ると、チームワークや、序列を超えた協働や、部隊に現場でみずから判断する権限を与えることにスポットを当てるものが増えてきている（マクリスタル、2015年。ファッセル、2017年）。では、今日の軍隊における「指揮統制」とは何なのか。それは、謙虚なリーダーシップとどのような関連があるのだろうか。

言い換えるなら、序列が上の者と下の者の間で実際に起きることは、大きく変わりうるし、はっきり言えば、上の者が下の者にどう関わることを選択するかの問題である。上下関係は、現状いかんによって、レベルマイナス1からレベル3まで、どのようにも変わりうる。ただ、複雑な仕事が絡み、命がかかっている場合には、少なくともレベル2にはなって、信頼し合い、率直に話し、心理的に安心できる関係を育てる必要がある。

事例5・1　原子力潜水艦でフォロワーをリーダーに変える

原子力潜水艦の文化変革をテーマにした名著について、まず要点を話そう。やる気を失い、これといった成果もあげず、「言われたことをやるだけの」レベル1の階層型組織が、やる気にあふれ、抜群の成果をあげる、誇り高いレベル2の組織へ生まれ変わった。その際に用いられた基本的な考え方は、リーダーとフォロワーから成るシステムを、リーダーとリーダーから成るシステムに改める、というものだ（マルケ、2012年）。軍のヒエラルキーがなくなったわけではなかったが、フォロワーは一人としておらず、誰もが自分の専門分野のリーダーになったのである。このストーリーを伝えるにあたり、マルケ艦長は、配下のあらゆる人とレベル2の関係をつくることがどれほど重要であったかがわかるよう、詳細を書いてくれている。

それによれば、海軍では昔から、命令に従い、慣例を守り、ミスを回避するのが当たり前だという。マルケは、異なるマインドセットで問題に取り組んだ——卓越性（エクセレンス）を、率先してめざすというマインドセットである。伝統的なヒエラルキーでは、乗員は安全を第一とし、ミスを回避し、難局が終わるのをじっと待つようになる。これは、乗員に面倒な思いをさせないという点では効果的だ。だが、士気が上がらず、自尊心も低く、成果もほとんど得られずじまいになっている、とマルケは思った。士気を高めるためには、素晴らしい仕事をしているという誇りを、もっと持つ必要がある。グループをそのレベルにできるかどうかは、任命されてグループを率いているリーダーの肩にかかっているが、このストーリーにおけるリーダーであるマルケは、もし自分が乗員たちの間に新たな考え方と新たな姿勢を生み出せたら、この潜水艦はもっとパフォーマンスが上がり、安全性も高まると思った。

マルケは積極的に、艦内を歩きまわり、乗員と会話することによって、新たに自分の部下となった彼らと関係を築き始めた。質問も頻繁にした。その潜水艦について、実のところ詳しくなかったからである。結果として、彼の好奇心は計算尽くの偽りの関心ではなく、心からの好奇心になった。そして、「状況を把握する」ことにより、マルケは、潜水艦のなかで最も影響力のある人たち、つまり上等兵曹との関係を変える必要がある、との結論に至った。

上等兵曹との関係をレベル2へ深めるために、マルケはたとえば、彼らを集めてミーティングをひらき、次のような謙虚な問いかけをして「パーソナイズ」した。「今の仕事のやり方に満足しているか。それとも、もっといいやり方に変わってほしいと思うか」。自分が本気であること、隠れた意図などないことをわかってもらうまでには話し合いを重ねる必要があり、長い時間がかかった、とマルケは書いている。「よくあることだが、自分があらかじめ答えを知らなかったことが、よい結果につながった。台本どおりのミーティングをひらいて、アイデアを求めるふりをするのではなく、腹を割って話し合うことができた」（マルケ、2012年、170頁）

上等兵曹たちは、上官に「指揮統制」させる古いシステムでよしとすることができなくなった。古いシステムでは、安心感はあるものの、結局、達成感を得ることがない。そのせいで、士気が下がり、仕事そのものに対して現状で満足することにもなってしまっていた。だが、高く評価されることがそれまでなかったからこそ、誰もが、もっといい仕事をしたいと意欲をかき立てられ、そのため、マルケからよく考えてほしいと言われたことをすんなり受け容れることができた（万事が順調に思えるときなら、改善する余地があることを、そんなに簡単には組織に真剣に考えてもらえない）。上等兵曹たちは、マルケの問いかけによって、自分たちが本当は現状に満足していないことを認めたのだった。

次にマルケが示した重要な問いは、現行の手順のなかで、上等兵曹たち自身が変えたいと思うものがあるかどうかだった。注目すべきは、上官や外部の監察官が改善を促すより、この質問のほうが、どれほど強力かという点だ。その問いは、心からの好奇心に基づいていたが、マルケとしてはおそらく予想外だったことに、上等兵曹たちがまず変えたいと思ったのは、どんな休暇を取る場合にも、7つの階級にわたる上官全員の承諾を得なければならないという手順だった。そのせいで、遅れが生じ、個人あるいは家族との休暇のプランが立てづらくなってしまうことが、たびたび起きていたのである。

このプロセスを変えて、休暇の申請を直属の上官にのみ承認してもらうのは、海軍の「規則」に反していた。だがマルケは、よろしい、と言った。規則に背くことによって、自分自身がリスクを冒していることは承知のうえだった。規則であれ慣習であれ、現状にそぐわない場合は無視するという、重大な特例をつくろうとしていることも認識していた。そのうえで始めた新たなシステムだったが、うまくいき、皆のやる気が一気に高まった。

上等兵曹たちは次のことを学んだ。改革について考えがある場合には、それを提案することを、つまり、命令をただ待ったり衝突を避けたりするのをやめることを、期待されている。だが、それ以上に期待されているのは、改革案についてすぐに艦長と話し合い、みんなが納得できる案なら実行に移すことだ、と。マルケは、率先して行動する気持ちを強めてもらうために、提案に基づいて命令するというシステムを改めた。そのシステムでは、部下が「～しよう（方針を変えよう／スピードを上げよう、など）と思います、サー」という言い方で提案し、理に適っていれば、上官が「よし」と返答していたのだ。マルケはさらに、「許可を求める」「～したいのですが」「私はどうすればいいですか」「われわれは～すべきでしょうか」「～していいですか」などの上下関係を示す言葉遣いをやめ、「～したいと思います」「～するつもりです」「私は～します」「私たちは～します」という言葉遣いにするようにと指示した。権限を与えられている、自分たちの明確な意志があると、乗組員が感じられるようにするためだった。

マルケは次の点も指摘している。この形式ばった組織は、命令の速さと正確さを向上させるために言いまわしが細かく決まっており、いわゆる非公式な、形式ばらない会話をすると罰せられた、と。そこで、提案された判断について、「声に出して考える」「きっと～だと思い込んでいることを詳しく述べる」と彼が呼ぶことを、新たに乗員に行わせた。それは、信頼関係を築くのに必要な追加の作業であり、図らずも、形式ばらない会話に形式を与えることになった。マルケは乗員に、「～しようと思います」と言う前にまず、なぜそれが（たとえ複雑な、あるいは物議を醸す判断だったとしても）正しい行動だと思うのかを述べさせたのである。「きっと〜だ」と思い込んでいることが危険なのは、それが口にされず、そのために正しいのかどうかを確認できない場合なのだった。

多くの組織論者が、次のように述べている。業績のよい組織が目標を達成するのは、形式ばらないコミュニケーションがサプリメントとして作用し、レベル1の官僚主義的な会話なら必ず生じる誤解やコミュニケーション・ギャップを、しばしば防ぐからだ、と。率直に話せるようになることは、「事後検討」の重要な仕組みにもなる。観察し、考えたことについて述べる責任を、監察官と上官と乗員が等しく負うからである。マルケの潜水艦では、行動に関するこうしたあらゆる改革が、最終的に重要な情報がオープンに共有されるように進められた。これによって、ミスを回避したり、ミスが起きた場合に責任の所在を突きとめたりするのではなく、より完全な情報をもとにしたパフォーマンス向上に重点が置かれるようになった。

潜水艦の各部署において、乗員は、自分の専門分野で自分の専門知識を使うことに自信を持つようになり、並行して、部下に知識を伝えることも以前よりすんなりできるようになった。結果として、特定の事態が起きたとき、その診断・修正方法を知る人の発言権が大きくなった。何より重要なことには、責任感が増すにしたがって、改善が必要な領域に気づくことが増え、よりよいやり方を編み出し、その意味において、彼ら自身がリーダーになった。謙虚なリーダーが謙虚なリーダーシップを広めていくことを示す、明らかな事例である。

このストーリーには、人が担う役割ではなく、その人自身を大切にするレベル2の考え方がよく表れている。それは、マルケが次のように記していることからもわかる。卓越性（エクセレンス）をめざすという目標の達成には、新たな行動ルールが必要であることを、マルケはすべての乗組員に理解してもらいたいと思った。その行動ルールとは、誇りを伝えること。方法は、これだ――潜水艦を訪れるすべての人に対し、自分の名前と、訪問者の名前と、「当艦へようこそ」という言葉を使って、挨拶するのである。誇りを持って行動することで、やがて誇らしい気持ちが生まれる、とマルケは考えていた。そして誇りは、役割（どんな仕事をするか）ではなく、その人自身（どのような人間か）のなかにあり、それを象徴するのが、自分自身の名前と、訪問者の名前を口にすることだったのである。

これを説明するために、マルケが乗員100人を集めてミーティングをひらいたところ、彼らは階級順に前から整列し、水兵たちは最後列になった。水兵があまり集中していないことに気づいたマルケは、どうやら話がよく聞こえていないらしいと思い当たり、最前列へ来て、自分のまわりに集まるように指示した。明らかに、正規の手順を無視した指示である。だが、それによって、この艦長が最下層の水兵にいたる一人ひとりにメッセージを聞いてもらいたいと思っていること、すべての乗組員が大切なのだということが示された。先述したエピソードで（事例1・5）、外科医が、チェックリストを念入りに確認させたり、チームの人々をランチに連れていったりしたのも、同じ意図で行われていた。

伝統的なヒエラルキーでは、レベル1の形式ばった考え方をすることが、下位の者にとっては利益になる。なぜなら、上司の命令に従っていれば安全で、考えすぎる必要も責任感を持ちすぎる必要もないからである。だが、もし上位の者が打ち解けた、より個人的なレベル2の関係をつくるなら、そして、計算尽くではなく誠実に接するなら、それが強力な後押しになって、下位の者は、大切に考えてもらっていると感じられるようになるだろう。

学び

このストーリーから得られる学びのうち、最も重要なのは次の点だ。ヒエラルキーにおけるトップダウンの管理システムを、ヒエラルキーを放棄することなく、権限を与えるシステムへ変えることは可能だ、という点である。必要なのは、業務を改善しようという組織のやる気、そして、ミスを避ける姿勢から卓越性（エクセレンス）をどこまでも追求する姿勢へと絶えず従業員を促す、マインドセットと姿勢と行動力を兼ね備えた謙虚なリーダーだ。また、忍耐強さ、粘り強さ、一貫性が、長期にわたって必要であることも確かめられた。さらに、昔ながらの決まった手順のいくつかをマルケが積極的に変えようとしたことによって、高官たちが、新しいやり方をするからといってマルケを咎めるのではなく、そうしたやり方を歓迎していることも明らかになった。

次に重要な学びは、このような変革には、グループ内の関係をどのようにマネジメントするかについての、深い理解とスキルが不可欠だということだ。マルケは、自分のどんな行動が、乗員の行動の仕方を、ひいては考え方を変えるのに大きな影響をもたらしたかについて、本のなかで多くの例を挙げている。

事例5・2　サンダーバードと「ドラフティング」——高いパフォーマンスをあげられるかどうかは、きわめて高いレベルで信頼し合えるかどうかにかかっている

退役したJ・V・ベナブル大佐が著書『Breaking the Trust Barrier』（未邦訳）で詳述しているとおり、サンダーバード〔空軍のアクロバット飛行チーム〕は、訓練によって、互いとの距離をほんの数フィートにする密集隊形で飛べるようになる。さらに、前後にぴたりと接近して飛ぶ「ドラフティング」もできるようになる。ドラフティングは鳥やロードレース選手が使うテクニックであり、ほかの鳥や選手のすぐあとにつくことでエネルギーを節約できる。また、1羽や1人で進むより速く進めるようにもなる。

協同作業におけるドラフティングとは、体をぴったり寄せ合って進むことによる空気力学上のメリットを再現する現象だ。これを行うためには、リーダーは、個と全体の境目をなくして、結束と、団結と、チームならではのスピードアップを促す必要が

ある。……抜群の成果をあげる組織とあげられない組織との違いは、メンバーの能力の問題だけではない。メンバーと力を合わせて、チームとしてのドラフティング力を、リーダーがうまく伸ばせるかどうかなのだ。……ドラフティングの効果を活用し、チーム内に信頼を育むためには、「溝」を埋めることに注意を傾ける必要がある。……溝とは、能力または自信がないことによって、あるいは、社会的欲求が満たされないためにパフォーマンスが下がることによって生じる、物理的・感情的な距離のことだ。もしずっと取り組まれずにいたら、溝によって勢いがそがれ、信頼を育むなど望むべくもなくなってしまうだろう。（ベナブル、2016年、14頁、17頁）。

作業グループの全メンバーが一糸乱れず協調する必要のある、複雑で危険を伴う課題に取り組む場合には、職場における関係を、少なくともレベル2に、ことによるとレベル3に深める必要がある。それを述べるのに、これはまさに最高の例であった。

同書に詳しく記されているとおり、ベナブル大佐は、さまざまな方法を使って、チームとの関係を「パーソナイズ」した。真剣に関わり、忠誠心を確立し、相互の信頼を築くためである。たとえば、21日間にわたる新人研修では、「結合組織〔生物学の用語で、体の組織間を満たし、それらを結合したり支えたりする組織〕」をつくるための各種訓練を受けるなかで、メンバーは必ず信頼し合うようになった。エンゲージメントを高めるためのさまざまな研修によって、いやでも真剣に互いの話に耳を傾けることになり、より個人的なことを話すことが促され、「パーソニゼーション」が早く起きるようになった。

「忠誠心を育てるには、土台として互いの献身が欠かせない。だが、忠誠心の素晴らしい力が働くかどうかは、メンバーと、メンバーを動かすものが何かを、本当の意味で知ることができるかどうかにかかっている」（前掲書、69頁）。このコンテクストで信頼が生まれ、やがて、「任務、役割、あるいはミッションを仲間が遂行することを信じて、みずからやチームを、進んで危険にさらせるようになる」（前掲書、119頁）のである。

学び

このストーリーからは、次のことがわかる。「互いとの距離を縮める」というのは、社会情緒的な問題ではなく、飛行やロードレースの世界における技術的な問題と同じだ、と。そして、サンダーバードやブルー・エンジェルズなどのアクロバット飛行チームにとっては、ドラフティングできなければやりたいことを実現できないが、ビジネス界では、むしろ選択の問題になる。

シンガポール・ストーリーを思い出してみよう。シンガポールに来てくれる企業を探していた頃のことが話題になったとき、リーダーシップの成功を説明するにあたり、フィリップ・ヨーが同様の表現を使っているように、私たちは感じた。ヨーの上司がヨーとの距離をぐっと縮め、ヨーも明確に、さまざまな部下や同僚との距離をぐっと縮めて、彼らがいっそう高い成果をあげられるようにしたのだ。スタートアップでも同じ現象を見ることができる。起業家やテクニカル・ファウンダー〔技術者としてのバックグラウンドを持つ創業者〕は、パートナーや同僚を、「ドラフティング」と同様の緊密な関係に引っぱり込む。だから、より迅速かつ効果的に活動できるようになるのである。

このストーリーからは、次の点も学ぶことができる。ミッションや任務が明確で危険を伴うものであればあるほど、親しい個人的なつながりをつくることがいっそう重要になる、という点である。レベル1の役割を担う、仕事上の関係に徹する専門家であったとしても、百パーセント信頼することはできない。なぜなら、状況が変わって予期せぬ脅威や難題をチームが突きつけられたとき、レベル1のリーダーの行動ははるかに予測がつきにくくなるからである。ほどほどの距離は曖昧さを生み、一触即発の状況において障害となる。そういうわけで、模擬環境でともに「学ぶ」ことが、関係構築のためのきわめて重要な活動になる（エドモンドソン、2012年）。

事例5・3　明確な共通の目標を通じて、グループとして責任を負う（レベル2）——ポラリス（ミサイル）の事例

デイブは、ロッキード社の元ミサイル防衛システム部門長である。新米技術者から技術およびプログラム・マネジャーになり、さらに、８０００人規模のミサイルシステム部門の部門長を務めた最後の5年に至るまで、トータル40年のキャリアにおいて、彼は同社の全ミサイル・プログラムに関わった。プログラムのなかには、アメリカ海軍の初期のポラリスと、後継のポセイドンおよびトライデントもあれば、偵察衛星ディスカバラーのようなアメリカ空軍の宇宙計画や、弾道ミサイル防衛の実証実験もあった。

デイブは、エドガーと何度か食事をしながら話をするなかで、経験を詳しく語り、自分のマネジメント・スタイルについて話した。新たなポラリス計画の最初のリーダーは、その計画を確立したウィリアム・「レッド」・ラボーン少将だった。少将は、請負業者であれ政府関係者であれ計画に関わる全員が、軍産合名会社の一員になり、このうえなく誠実に計画の成功に尽くすことを期待した。彼は、問題点にすみやかに取り組んで修正できるよう、とことん正直になり、過ちを認め、悪い知らせをただちに報告してほしいと伝えた。それは、その場しのぎや短期的な利益ではなく、始まりから終わりまでの長期的な結果を見すえて意思決定を行うことでもあった。最重要の目標は、前例のない試みを成功させること、国のリーダーたちに対する約

束という制約のなかでそれを成し遂げることだった。相互のコミットメントと誠実さが何より大切であり、グループとして責任を負うことが当然と考えられた。

まだ駆け出しの飛行制御設計のエンジニアだった頃、デイブは数百万ドルの複雑なシステム・テストに関わった。核弾頭を搭載した最初のポラリスの、長時間にわたる地上噴射テストである。彼は数カ月前から、もう一人のテスト・エンジニアと協力して、テスト中にコマンドを挟むプログラムを提供した。ミサイルを誘導・固定するためのロケットのノズル・コントロールを、60秒の噴射の間ずっと前後に動かし続けるためのコマンドである。目的は、ロケット排気の変化を、ミサイル誘導システムの反応とともに、テスト終了まで測定することだった。テストは実施されたが、ノズル・コントロールが計画の10パーセントしか動かなかった。目的の大半が達成されずじまいになり、デイブは、重要な計測について自分ともう一人のエンジニアの間でうまく意思の疎通が図れておらず、そのせいで失敗に終わってしまった、と認めた。大規模な調査委員会がひらかれ、もう一人のエンジニアと一緒に事態の説明を求められたとき、デイブは「私のミスが原因です」と答えた。そのミスは自分が気づくべきだったと思ったからである。彼がみずからのミスを認めたことは立派だと考えられ、上司たちは彼がありのままを述べようとしていると確信した。その個人的な経験によって、デイブは知った。マネジャーが誠実さを重視することは、単に口で述べるだけでなく、行動が伴わなければならない、と。そして、そのことを、デイブは以後ずっと肝に銘じていた。

30年の時間《とき》が流れ、デイブは同じミサイルシステム部門の部門長になった。艦隊弾道ミサイル、第6世代トライデントⅡの最終開発中のことである。デイブは、成功を収めてきた長い年月を振り返りながら、誠実であることと、グループとして責任を負うことを、繰り返し強調した。エドガーが具体的にどういうことかと尋ねると、率直に話し、過ちを認め、常に真正面から真実と向き合い、協力して計画の目標を定めることだ、との答えが返ってきた。さらに、力強くこうも言った。信頼は、絶えず努力して「獲得する」ものであって、当たり前に手に入るものではない、と。「人はきっと、不安を覚えることなく意思を伝え合えるようになる」

デイブの処方箋はこうである。自分が影響を与える領域で信頼を築き始めるには、その領域のあらゆる側面で、みずから誠実さを示し、他者も示してくれると期待することだ。基準を設定し、それに満たない行動にはノーと言おう。忠告してなお基準に従って行動しない人がいたら、マネジャーが何を書こうが言おうが、その本当の意向は、どんな行動を称賛したり大目に見たりするかに示されていることを思い出して、グループから外れてもらおう。これくらいでもいいと甘んじてしまったら、その程度のものしか手に入らなくなってしまうのだ。

一方、あなたが影響をもたらさない領域で、誠実さがないために思わぬ事態が起きたときには、あなたと一緒に、あるいはあなたの下で仕事をする人をその事態から守るために、全力を尽くそう。たとえ結果が思わしくなくても、力の限りを尽くしたなら、あなたの誠実さを信頼する人たちは、真価を認め、相応の対応をするだろう。あなたが影響を与えない領域にいる人たちは、その結果を目の当たりにし、それによって、あなたのグループとの関わり方に影響を受けるだろう。こうしたことは、やすやすと起きるのだろうか。まさか！　職場で信頼を得て、維持するのは、とても大変なことなのだ。相反する圧力も多々あることを思えば、それは終わりのない作業になる。だが、勇気を持ち信念に従って突き進むなら、計り知れない恩恵を手にすることになる。

デイブはこう述べた。所属する組織が率直さとチームワークに価値を置いていたのが、幸運だった、と。責任が増すにつれ、彼は、問題にぶつかって取り組む際に、ミーティングをさまざまなスタイルのリーダーシップによって運営できることに気がついた。問題が起きたときに、グループ全員が参加して率直に話し合うと、チームワークと解決策が促されることにも目をとめた。また、参加者が不安を覚えることなく率直に問題を明らかにできる場では、組織のほかの部署から、知識やリソースといった恩恵がたびたび改善計画にもたらされた。当初は、「改善計画の詳細を短時間話し合い、その後は1対1で話をする」ほうがいいと言う部下がいたが、デイブは、「全員が同じ船に乗っている（運命共同体である）」ことを行動規範にすべきだと思っていた。船のどこかに突然、穴があいた場合、それをふさぐ責任は誰か一人にあるかもしれない。だが、乗っているほかの人たちが手を貸して、水をかい出し、船が沈まないようにできたら、彼らも長期にわたる利益を得ることになる。そのため、スタッフ・ミーティングや進捗状況を確認するミーティングは、現実に起きている問題および潜在的な問題を早期に発見し、自分の問題として考えることと、協調的な行動計画を考案することを、報告者を非難せずに促すように組み立てられた。問題が報告されたときには、デイブは、誰が先頭に立って行動するか、解決法の決定に必要なものを持っているのかどうか、プロジェクトのほかの部署がどのような影響を受ける可能性があるかを、いつも尋ねた。

デイブがずっと強調していたのは、「グループとして責任を負う」ことが当たり前で、実際うまく機能していたが、前提として高いレベルの信頼と率直な話し合いが不可欠だったという点だ。問題点の報告者を非難することが容認されるなど、断じてなかったのである。

学び

第1章および第2章で、私たちはこう述べた。経営文化は、グループやミーティングをそれとなく妨げ、過小評価しがちで、できるかぎり短命に終わらせ、必要悪だとして不満を述べてばかりいる、と。それに引き替え、本書で紹介する事例のすべて、とりわけデイブのミサイル・プログラムでは、リーダーがミーティングを創造し、問題解決・意思決定プロセスの要《かなめ》としている。そして、ミーティングの正当性を信じ、効果的な運営の仕方を学んで、同僚や部下にもミーティングに価値を置いてもらおうとしている。デイブはその際、重視するものが自分の上司と違っていても厭わない、ともはっきり述べた。

私たちはまた、経営文化が「グループとして責任を負う」のを嫌うことも指摘した。だが、本書の事例に示されているとおり、本章のミサイル計画のように目標が明確な場合、および技術的な複雑さのために高いレベルの相互の信頼と一致協力した取り組みが不可欠な場合には、何か不具合が生じて根本原因や非難すべき人を周囲のシステムが探しているときでさえ、グループはグループとして責任を負うことができるし、責任があると感じるものなのだ。

そしてここでも、謙虚なリーダーシップの観点から得られる最も重要な学びは次の点である。デイブが明確に示したようなリーダーシップは、優しくも心地よくもない。だが、課題の複雑さがそれを必要としている場合には、きっと実践できるのである。

事例5・4　ある海軍大将による謙虚なリーダーシップの例

先日、すでに退役した海軍大将から、忘れ得ぬストーリーを聞いた。ヒエラルキーを「破壊して」レベル2の関係をつくる可能性が、たやすく確実に広がることを示すストーリーである。その海軍大将（当時）は、アメリカ海軍原子力空母を指揮していた。事実上、一つの場所に5000人が配置される組織のCEOであり、安全と質の高い仕事とが最優先事項になっていた。核科学者で海軍飛行士でもある彼の、経歴と経験と実地に役立つ知識は、ミッションの技術的側面から言えば、まさにうってつけだった。しかしながら、このストーリーのテーマになっているのは、リーダーとしての彼の直観である。

あるとき、飛行甲板で事故が起きた。航空機運航にとって重要な車輪止めと鎖を扱う際にミスがあり、危うく人命が奪われるか、あるいは、きわめて高額の海軍機を失うところだった。ミスは、飛行甲板のクルー（「ブルー・ジャージ」と空母では呼ばれる）の一人が作業を誤ったために起きた。このクルーの上司は、航空機を誘導する士官（「イエロー・ジャージ」）だった。

海軍の通常のヒエラルキーと慣例から考えれば、そのミスは報告され、事後検討と修正、そしてブルー・ジャージに対してなんらかの叱責と懲罰が行われただろう。海軍大将は私たちにこう言った。それが、空母の飛行甲板における通常の仕事のやり方だ、と。複雑なことが起きても、それに対処するための、数百年にわたって培われた組織的知識がアメリカ海軍にはある。つまり、この艦長としては、ブルー・ジャージの上官たちに問題と解決を任せることもできた。だが、そうはならなかった。

代わりに、彼はそのブルー・ジャージをブリッジへ呼び、事故について、二人だけで話をした。ブリッジに呼ばれ、艦長からじきじきに叱責を受けるにちがいないという状況での、一介の車輪止め係の胸中は、察するに余りある。だが、自身もパイロットであるこの艦長は、デッキと航空機の扱いの複雑な細部がどれほど重要かを知っており、何が起きたのか、なぜ起きたのか（できれば知りたいこと）、どうすれば二度と起きないのか（絶対に知りたいこと）を、デッキの担当者から直接聞きたいと思っていた。彼が本当に重視しているのは真実とプロセスであり、懲罰を与えることについては、ほとんど眼中になかった。枠にはまった考え方をする人なら、そういうことを気にするかもしれないが。

二人の話し合いはどのようなものだったのだろう？　ブルー・ジャージは恐怖し、恥じ入り、悔い、叱責されても仕方がないとあきらめたのだろうか。もし、そうした感情が満ちていたら、なぜ、艦長は本当に起きたことを知り得るだろう。海軍大将は、私たちが心理的安全性と呼ぶものを、ブルー・ジャージのために、どのようにして素早く生み出したかを話した。彼は何が、なぜ起きたのかという自分の関心に基づいて会話を進めることに注力し、ブルー・ジャージを呼んだ目的が、処罰ではなく調査のためであることを明確にしたのである。共有された目的のおかげで、この一介のクルーは、いっそう仕事に打ち込もうと気を引き締めて、ブリッジをあとにしたのだった。

叱責すれば、間違いなく、階層制に肩入れすることになってしまう。艦長である海軍大将は、課題と、安全と、質の高い仕事をこそ重視したいと思っていた。そこで、件《くだん》のクルーと会い、対話《ダイアローグ》の焦点をこのクルーと真実に合わせる意志を示し、空母の乗員たちの命を救う（または、失われるおそれのある）プロセスを改善するという強い姿勢を強調した。ヒエラルキーの最上位のリーダーと最下位のクルーであっても、一体感を持ち、互いから学ぶことができる――そういうプロセスを大切にする姿勢が、目に見える、個人的な、双方向のダイアローグによって示されたのである。

この事例を少し離れて見てみると、海軍大将が実践する謙虚なリーダーシップのちょっとした行動の数々は、その組織では当たり前に、つまり、事故の前後に存在した幹部によって確立された文化になっていたのかもしれない。だとしても、このストーリーの価値をなんら損ねるものではない。むしろ、この大将が、「パーソニゼーション」の重要性を明確に理解していたこと、そして、5000人規模の階層組織においてさえも、率直な話し合いと信頼を確立していたことを、しっかり裏付けてくれる。

学び

このストーリーのなかで私たちが最も感心するのは、形式ばった究極のヒエラルキーが存在していても、その最上位にいる人たちが、単なる業務上の《トランザクショナルな》レベル1の行動の仕方を求められていないことである。彼らはいつでも、どんなレベルにおいても、「パーソナイズ」することを選び、それによって、最も重視する価値基準を明確に高めているのだ。

まとめと結論

本書の随所に盛り込まずにいられなかった素晴らしいストーリーでは、厳格なヒエラルキーにおいて、謙虚なリーダーシップを実践し、レベル2の関係を築いたことがテーマになっている。退役した大将マクリスタルは著書『TEAM OF TEAMS（チーム・オブ・チームズ）』（日経BP社）のなかで、また、クリス・ファッセルも著書『ワンミッション』（日経BP社）のなかで、次のように明言している。組織には、単純構造の工場さながらの効率性ではなく、機敏性と適応力が必要になっている。なぜなら直面する問題は、複雑で、全体に及び、相互に関連し、かつ多文化的（であると私たちが繰り返し述べている状態）、つまり厄介になってきているからだ。おそらく、相互につながる多文化の世界で顧客に対応することは、一定せず、目に見えない、多様な敵に対処するのと同じくらい複雑になるだろう、と。オライリーとタッシュマンも、同様の指摘をし、次のように主張している（２０１６年）。経済的な力も市場の力も流動的で予測不可能になっているため、組織には非凡な器用さが必要だ。新たなサブグループ――市場環境や競争条件の変化に応じた、これまでとは違う対応ができるサブグループ――を、組織は育てる必要があるのだ、と。

マクリスタルは、差を生むのは技術的な秀逸さではなく「文化」であることを、的確に指摘している。つまり、部隊の訓練にあたっては、一律に身につけるべき技術を確実に習得させるだけでなく、各自で対応すべき新たな領域において、どこまでみずから考え自己管理できるようになるかがポイントだというのである。本章のストーリーはいずれもこの前提が土台になっているが、私たちはさらに、「文化」がレベル２の文化でなければならないことと、変革は特定の関係が築かれて初めて達成されることも述べた。

不安定で混沌とした環境への対応に必要な機敏性を生み出すためには、各ユニットに権限を委譲し、そのユニットの代表者から成るチームで連携を図る（つまり、チーム・オブ・チームズをつくる）ことがきわめて大切だと、マクリスタルは述べている。だが、この対応策は、各代表者がそれぞれのチームで、時間をかけ、チーム内の関係をレベル2へ深めているときにしか成果を生まない。レベル2になっていない場合には、各代表者は必ず、自分のチームの価値観とやり方を他のチームに受け容れさせる必要性を感じることになるだろう（言い換えるなら、技術・専門的、単なる業務上の《トランザクショナルな》交渉という側面に終始することになるだろう）。

第3～5章で紹介したストーリーは、人間的な社会問題を、技術的な仕事上の問題と融合させることを強調しているという点で、より「社会－技術的」である。次の第6章では、技術システムを備え、維持することを重視しすぎると、社会システムを弱く、最終的には道を誤らせてしまう点を掘り下げていく。

厳格なヒエラルキーにおいてさえも、謙虚なリーダーシップが、レベル2のチーミング〔ダイナミックな協力・協働〕によって生み出され、より大きな成果を生んでいる。

第6章
ヒエラルキーや意図せぬ結果が謙虚なリーダーシップを阻害してしまうとき

第3章〜第5章では、正式に指名あるいは選出されたシニア・エグゼクティブがレベル1の官僚主義を放棄すると、どんなことが達成されるかを示した。ただ、厳格このうえない官僚組織であっても、特定のマネジャーや従業員が新たな、よりよいことをする機会を見出し、実現しようと思うなら、謙虚なリーダーシップは生まれる可能性がある。実際、ある一人のマネジャーが同僚、部下、いや上司に対しても、関係をより個人的なレベル2へ深めるべき相手として接するという選択をすると、多くの組織で謙虚なリーダーシップが実践される。レベル2のつながりの力によって、効果的なミーティングが運営され、強いチームがつくられ、組織のほかの部署にもレベル2の関係が広がっていくことも、多くのマネジャーが目の当たりにしている。だが、たしかな価値と立派な意図があっても、そのようにうまくいかない場合がある。私たちの見るところ、道を阻むものには3つのタイプがある。

（1）新任者の取り組みに、経営文化が抵抗する。

（2）リーダーが無意識に、みずからの取り組みを台無しにしてしまう。

（3）レベル2の文化の土台となる改善計画を、新任のCEOが覆してしまう。

では、具体的な事例を挙げて、3つの難題《チャレンジ》を一つひとつ、詳しく見ていこう。

事例6・1　ヒエラルキーはいかにしてレベル2を葬り去るか——ブライアンのストーリー

謙虚なリーダーシップは、至るところに存在する可能性があるし、それはいつの時代も変わらない。ところが、急速に広がるどころか、レベル1への逆戻りか組織の力かのどちらかによって潰されてしまう場合がしばしばある。レベル2のマネジャーが自主退職あるいはクビにされ、新しくやってきたCEOが従来のマネジメント方法を固守してしまうのだ。残念なのは、このプロセスのせいで、従業員を育てる取り組みを、組織がみずから台無しにしてしまう場合だ。その事例を紹介しよう。

ブライアンは、一流のプログラムを受け、工学の学位を取得して、数年前に大学を卒業した。その後、多国籍の某大手食品会社での、1年にわたってさまざまな仕事を順に学ぶ有名な管理者訓練計画（ＭＴＰ）に参加した。そして、いくつもの研修会で抜群の成績を収め、大規模な生産工場の包装ラインの監督ではトップの成果をあげた。

この大手食品会社は、積極的な事業展開を行う分散型の製造業者として、多くのブランドをつくって世界中に販売網を広げ、主要な地域市場近くで製造と包装を行っている。ブライアンは、アメリカの中心地にある工場に配属された。その工場の首脳部は、かなりの自由裁量が認められているが、製造量および品質について厳しい基準を維持するよう、本部から大きなプレッシャーをかけられていた。案の定というべきか、上司は、効率よく仕事をするために、ブライアンを大いに頼りにした。

ブライアンの部下は大半が高卒で、労働組合に加入し、多様な倫理観を持ち、ほぼ全員が男性だった。そんな彼らとの間に、ブライアンは赴任して数週間で、率直に話し、信頼し合う関係をつくることができた。1年前の管理者訓練で、工場労働者とよい関係を築く大切さを心に刻んでいた。また、自身の人としての魅力も、打ち解けた友好的な関係を彼らとの間につくるのに役立った。監督すべき業務について、彼よりチームのみんなのほうがはるかに多くの経験と知識を持っていたのだが。

厄介な問題が起きたのは、ラインで使う機械が原因だった。ブライアンの見るところでは、その機械は設計に難があるうえ、かなり複雑なので、故障したときに適当な直し方が見つからないのだという。当てにならないその機械は、「見て見ぬふりをされる重大な問題」になっており、当然ながらブライアンは、労働組合員である工場労働者たちを一方、上司をもう一方とする、非対称な関係を経験することになった。私たちが「何か問題が起きたとき、部下はあなたに報告しますか」と尋ねると、ブライアンはこう答えた。「もちろんです。私たちは、しょっちゅう話をし、ベストを尽くして、改善策を探します。私は彼らのことがよく理解できるようになりましたし、労働組合の問題もすべて知っています。私たちは、生産量と品質をできるだけ高く保つために、力を合わせて仕事をしているんです」

だが後日、私たちがブライアンに、「問題が起きたりスケジュールが遅れたりしたとき、あなたは上司に話しますか」と尋ねると、違った答えが返ってきた。

まさか。上司が聞きたいのは、万事順調でスケジュールどおりだという言葉だけ。問題が起きたら、怒って、誰の責任かを知りたがるのが関の山です。こんなに何度もラインが止まるのは、あの機械がすぐ故障するからなのですが、上司は、工学の学位を持っている私なら当然直せるはずだと思っているようなのです。故障したとき、経験豊富な部下たちも私も、直し方がよくわかりません。本当にすべきはあの機械を替えることなのに、上司は聞く耳を持っていないのです！

ブライアンは製造ラインの労働者たちと、率直に話し、信頼し合うつながりをつくっていたが、直属の上司やさらにその上の首脳部とは、いつの間にか、ほどほどの距離感を保った、相争うような――対立しているとは言わないまでも――関係になってしまっていた。機械の問題を上司たちに理解してもらえず、やがて、上司たちが気にも留めていないらしいことがわかってきた。

ヒエラルキーの2つの階層のみでの、そうした非対称を、どう説明すればいいだろう。上級管理職たちは、「古来の知恵」――高い技術も専門知識も要らない、昔ながらの、肉体を使ってする製造作業においては、ほどほどの距離を置かなければ、威厳を保って工場を問題なく稼働させ続けることはできない、とする知恵――に従って行動したのだろうか。言うまでもなく、ブライアンと部下たちにとって、それは古来の知恵などではなかった。ブライアンとチームの間に自然と築かれた関係は、「上司と部下」である一方で、「対等な仲間」だった。ブライアンとチームの人々は、ブライアンの上司がどんな人であるかを理解していたし、問題が、自分たちの関係ではなく状況にあることも理解していた。

それに対し、ブライアンと上司の関係は、正反対だったと言えるかもしれない。数値および生産目標を中心にして築かれる、より役割ベースの、距離を置いた関係が、自分より上の階層全体の特徴であることに、ブライアンは気がついた。そして、自分の性格や、チームとの仕事を楽しく思っている事実からすれば、転職を考えるべきなのではないかと思うようになった。上司が状況に無関心で、機械の不具合に懸命に取り組むチームに対し、気遣いも共感も全くしないことにも気がついた。残念ながら、ある別の食品会社の階層構造も同様であると知り、ブライアンは、転職をやめて大学院へ進み、隣接分野を研究することにした。将来、全く違うタイプの組織で、全く別の仕事に就くのに、きっと役立つだろう隣接分野である。ブライアンは簡潔にこう述べた。「あの組織には、手本とすべき人が一人もいなかった。どの上司を見ても、あんなふうにはなりたくないと思った」

入社後9カ月で、ブライアンは辞表を提出した。そして、もっと面白い進歩的な組織に就職できることを願って、工学の修士号を取得するために大学へ戻った。丸1年をかけてブライアンに研修を行った会社は、結局、未来の有能なマネジャーを失ってしまった。融通の利かない、数値本位で、コストとスケジュール重視のシステムであることをさらけ出してしまったためである。そんなシステムに対し、労働組合に加入している労働者たちは我慢できるようになっていたが、ブライアンは、理想だと思っていた仕事から、たちまち目を背けることになってしまった。ブライアンは、謙虚なリーダーになろうとしていた。彼と部下たちは素晴らしい関係を築いていたが、古い考え方に縛られている、彼より上の階層の人たちは、徹底したレベル1の単なる業務上の《トランザクショナルな》リーダーシップ・モデルに基づいて行動していたのだった。さて、ここで興味深い疑問が浮かぶ。新たな世代（思い切って、「ミレニアル世代」としよう）は、従来とは異なるやり方で導いてもらえるものと思っている。なぜなら、彼らの世界観とマインドセットが、これまでとは違う形で導き、導かれることを求めているからである。そんな新しい世代の人々を、ブライアンはどの程度、代表しているのだろう？

学び

このストーリーから得られる最大の学びは、組織においては、それぞれの部署がそれぞれの目標を持っており、ヒエラルキーのどの階層のマネジャーであるかによって動機が変わるという点だ。本部は、未来のゼネラル・マネジャーを見つけて育てるための素晴らしい計画を立てるが、現在の中間管理職に部下を育てる気がないことを「忘れて」いるかもしれない。ブライアンのストーリーで特に印象的なのは、「組織に、手本とすべき人が一人もいない」という彼の言葉である。

二つめの学びは、ラインがたびたび止まる技術的な原因が例の機械にあることを、ブライアンはなんとか不安に思わず上司に言えたものの、取り合ってもらえなかった点だ。ブライアンが採用されたのは工学に詳しいからであったことを思えば、上司の対応が不合理なのは考えるまでもないだろう。率直に話すことを従業員に促しても、話に耳を傾け、適切に対応する能力がシステムにないなら、そういう環境をつくることに、価値はほぼない。耳を傾け、適応できないのは、つまり、単なる業務上の《トランザクショナルな》役割に基づくレベル1の関係にとどまっているということだと、私たちは考える。

事例6・2　善意、透明性、意図せぬ結果――BCSのストーリー

これは数年前に、華やかな成功を収め、そして破綻した、シリコンバレーのあるスタートアップのストーリーである（事実を踏まえているが、架空の部分もある。また、わかりやすくするために、変更を加えたり脚色したり、「秘密にすべき情報を除いたり」している）。資金力、評価、経営状態とも申し分なく、活気にあふれ、画期的な技術と経験豊富な人材がそろっている会社だったという点で、これは珍しいストーリーではない。最終的に、舵を切って適応し、持続可能な、自立した成長と成功への道を選択できなかったという点でも、よくある話だ。大半の従業員は給料が高く、金銭的にかなりのメリットを（普通株式の形で）得ていた。ただし、彼らのほとんどが、多くを学んだのちに仕事を失い、株価上昇による利益を全く得ずに終わった。

透明性をもって管理する

ＢＣＳ（仮称）は、高性能の通信技術を中規模企業に提供する通信システム会社だった。設

立したのは、テクノロジー業界で実績があり、新たな解決策を生み出せるエンジニアたちだ。彼らは、新しいアプローチに基づく事業を立ち上げるために、テクノロジーのスタートアップ起業に実績のある人物を、CEOに採用した。CEOは、販売およびマーケティング経験の豊富な人物を引き入れ、最強の幹部チームをつくった。

創業メンバーであるプロダクト・デザイナーらと雇用された経営のプロたちは、客観的に見て公正に、かつ透明性をもってマネジメントするという価値観を共有していた。過去に所属した大企業で、策を弄する「政治的な行動」を、彼らの全員が、うんざりするほど目にしていたからである。もう一つ、価値観が一致していたのは、正直さと誠実さを、従業員と取締役会に示していくとする点だった。そのような透明性には、メトリクス（指標・目標数値）に基づくマネジメント・システムが欠かせない。そこで次のように決めた。各部門のリーダー全員がそれぞれ、主要なメトリクスを定め、それを中心にしてマネジメントし、マネジメントされ、善し悪しの評価を受ける。メトリクスは、壁掛け式の液晶ディスプレイに表示して社員に示す――つまり、ビジネスの動きを逐一、リアルタイムで全面的に公開する、と。

それほどの公正さを示された従業員が、首脳陣の定める一連の方向性に疑念や疑問を抱く道理がない。透明性が土台となり、その上に信頼が、階層を問わず築かれた。誠実さと透明性を文化としたために生まれたものが、BCSのそこかしこにあふれた。メイン・ルームには、テーブルとワークステーションが数多く用意され、顧客サービス担当やエンジニアからマーケティングの管理職や経営幹部まで、誰でも使うことができた。壁にかかっている液晶ディスプレイには、業績のメトリクスが、リアルタイムで表示された。1カ月に数回、会社はランチを提供した。たいていは、ひいきにしている地元のピザ屋の料理だ。そして、「全員参加」の機会を活かして、調子はどうか、どんなことに注意すべきか、誰が採用されたか、次は何の記念日を祝うかなど、全員が知っておくべきあらゆることが、ざっくばらんに話し合われた。

さらに、上級管理職たちは、組織のあらゆる部署の従業員を、より吟味して設定されたランチに順に連れ出して、絶えず交流し、互いを知り、情報を共有した。当時BCSに勤めていた誰の目にも、誠実さと透明性こそが、重要で納得のいく価値観だと映っていたにちがいない。BCSの従業員は、上級管理職が毎日、積極的に関与するのを称賛した。ミーティングでは、成功も失敗も率直に話して大丈夫だと思った。入社したての人からCEOまで、全員が集まるミーティングだった。

CEOと経営幹部からすると、透明性は、上から下へのコミュニケーションにとっても、下から上へのコミュニケーションにとっても、同様に重要だった。経営幹部は現状を、できるだけ多くのメトリクスを添えて、取締役会に示したいと思っていた。いっそ、主要な投資家が欲しいと思い、そしてたしかに知る価値のあるあらゆる情報を、ネットワーク技術、ソーシャル・メディア、ストリーミング・メディアなどを使って、一つの画面で見てもらえるようにしてはどうかということになった。それは、成長中の小さな会社を運営する、賢明で公正な方法のように思われた。実際そうだったし、その後もすべてが順調だった。

だが、2年目か3年目のあるとき、BCSは壁にぶつかった。透明性があるにもかかわらず、製造チームと販売チームの間でコミュニケーションがとれず、ターゲット顧客との取引をなかなかまとめられなくなった。CEOからすれば、雇われたのは数字を使って会社を経営するためだった。今やその数字が、誰が目標を達成し、誰が達成していないかを、明確に示していた。

結果として生じた決断

他の取締役や創業メンバーと協議したのちに、CEOは業績データに基づき、思い切った行動をとった。製品ラインナップを必要数までそろえられなかったとして、創業メンバーでもあるプロダクト・ファウンダーの一人の雇用を打ち切ったのである。この大胆な人事がきっかけとなり、新製品出荷のペースが向上することを、CEOは願った。メトリクスによってアクションの必要性が示唆されているときには、断固たる行動が重要であることを、組織に示したいとも思った。それは、CEOにとってもほかの全員にとっても、とてもつらいことであり、システムにとっていささかショックな出来事だったが、数字がそうせよと告げていた。真実から目を背けることはできない――仕方がなかったのだ。

1年ほど経って、BCSは大きな会社に安く売却され、規模を半分以下に縮小された。CEOと経営チームは、結束を固めること――メトリクスの達成と透明性の維持を中心とした、確固たる根本的価値観を伝えること――について、適切なことをすべてしたと思っていた。きわめて健全かつ現代的な会社であったようにも思われた。一体、何がまずかったのだろう。

売却されて1～2年後、BCSの幹部の一人が次のように述べた。「創業メンバーの一人が解雇されたときを境に、すべてが変わった」と。おそらく意図せぬ結果だったと思われるが、あとあとまで尾を引いたのは、レベル2のつながりと信頼を特徴とする文化が、単なる業務上の《トランザクショナルな》マネジメントによって踏みにじられてしまったことである。CEOとしてそのリスクを予想はしていたが、いきなり高圧的な行動をとることと、そのせいで知らぬ間に不安を広めてしまうことが、よもやこれほどのダメージを生むとは思いもしなかったのだった。

BCSにとって市場はすでに変化し、彼らの解決策は市場の必要性にぴったり合っているとは言えず、そんな外的環境の変化を考えれば、会社が成功することは難しかった。そうなった原因が、不安が広がり、レベル2のつながりが崩れたせいで、会社が発想を変えて方向転換できなかったことなのかどうか、たしかなことはわからない。ただ、不安を生み、信頼の文化をないがしろにしたことが何のよい結果ももたらさなかったことは、明らかである。

学び

多くのマネジャーや理論家が、とりわけ今世紀になってから、透明性の大切さにスポットを当てている。だが、仕事や財務に関するあらゆる種類の情報を伝えるために、あらゆる経路を開放するのが、言うは易く行うは難しであることも、多くの人が認めている。それもあって、私たちは透明性より「率直さ」のほうを選択する。何を、どのように伝えるかということは、状況を目に見えやすくするための受動的なプロセスではなく、共有し、明らかにし、耳を傾け、理解し、対応するという能動的なプロセスである。率直に話すことはその点にスポットを当てるのだ。透明性は、念入りにフィルターにかけなければ、知覚されるものを識別しない受動的なプロセスになってしまう可能性がある。人は何もかも知りたいと思うものではない。率直さとは、何がいつ起きたかについての単なるメトリクスでなく、仕事をやり遂げるために、何を明らかにすることが重要かを選択することなのだ。

　ＢＣＳのＣＥＯと上級管理職は、信頼し合うレベル２の関係をつくろうとしていた。だが、創業メンバーの一人が解雇されたのちは、業績に関する情報の共有とそれに基づく行動を重視することに、実は現実的、個人主義的、非人間的、実際的、かつ単なる業務上の《トランザクショナルな》リーダーシップ（レベル１）に対する支持という別の基本的な前提があることが、はっきり示されてしまった。ＢＣＳにおける透明性と率直さは、この組織の個人に関する暗黙の前提——各自が別個に最善を尽くし、自分を最適化し、（共有される同じ情報を使って）対等の立場で競争し、行動と仕事の結果が白日の下にさらされることを受け容れること——と同じになってしまったのである。

個人主義的、実際的、かつ単なる業務上《トランザクショナルな》の関係に関するそうした根深い前提のせいで、彼らはレベル2のつながりをつくって不安が広がるのを止めることができなかったのだろうか。信頼は、「持つべきよい」ものだが、経営にとっては値打ちがなかったのだろうか。信頼を欠く透明性は、しばらくの間であれば、従業員の意欲を刺激し、もしかしたら生産性を大いに向上させるかもしれない。だが、誰もが目にしたことがあるはずだ——陰口を言い、政治的で、必要な情報を開示せず、自分の優位を保つために同僚を裏切るような雰囲気を、会社の急速な成長に不可欠だとして、リーダーがそれとなく促しているのを。しかし、透明性をコミュニケーション（率直に話すこと）の手段ではなく支配の手段として使ってしまうと、結局、会社は衰退へと向かうことになる。なぜなら、幻滅を感じた優秀な人材が去り、的外れな技術や業務が促されてしまい、市場の変化に対応して発想豊かに方向転換しようにも、思惑うごめく議論にしかならないからである。一方、本質的な率直さと信頼、つまりレベル2の関係が組織のあらゆるレベルにあれば、メトリクス本位で単なる業務上《トランザクショナルな》のレベル1のマネジメントによって特有の不安が生み出される場合には不可能な、柔軟さと耐久性を併せ持つ基盤ができる。

チームの大きさにかかわらず、メンバーが心理的に安心し、率直に話せるほうが、高い業績をあげられると、私たちは考えている。不安な社風と呼んでもいいし、心理的安全性の欠如と言ってもいいが、ＢＣＳのそれは、気力をくじき、率直さをむしばみ、会社の革新・方向転換する力を低下させてしまった。もし心理的安全性を守っていたら、短期的には製品化までの時間が延びてしまったかもしれないが、長い目で見れば、レジリエンシー（しなやかに適応する力）を高められたかもしれなかった。

事例6・3　レベル2のパラドックス／個人では安定するが、組織では安定しない――オーガニック・カー設計のストーリー

私たちが出会った多くのリーダーが、「部下やチームメイトとの関係をレベル2にできると、すべてがうまくまわり出す。そのため、ほかの方法で導くなど想像もできなくなる」と述べている。一方で、次のように述べるリーダーにも大勢、出会ってきた。せっかく組織のなかでレベル2のつながりをつくれたのに、上に立つことになった新任のCEOの好みのために、伝統的なレベル1の、ほどほどの距離感を保ち、形式を重んじる管理法――透明性や、形ばかりのメトリクスや、明確な規範（職務明細書と明示された目標に従って厳しく管理する）といった、「アメとムチ」によって強化された管理法――に戻ってしまった、と。

単なる業務上の《トランザクショナルな》レベル1のアプローチを好むのは、多くは従来のやり方を快適だと思っているからだが、ときには、レベル2とその可能性について全く理解できていないからだという場合もある。組織学習協会（SoL）が始めた、ある大規模プロジェクトを例にとろう。自動車設計の逐次的・直線的なプロセスを、もっと効率よく安く短期間にできるかどうかを調べる

プロジェクトである（センゲ他、1994年。ロス&クライナー、2000年）。従来の設計プロセスでは、シャシ（車台）を変更すると、エンジン用のスペースが変わり、より大きなエンジンを搭載できる可能性が生まれた。重くなった場合は、タイヤなどの設計にも影響がおよび、結果として、次から次へと絶え間なく設計をやり直すことになり、費用も時間も際限なくかかってしまった。

システムを重視するプロジェクト・マネジャーのロブは、フォード・モーター社で1995年の新型車設計を任されていた。1990年後半に、彼は新たな、よりよいことをしようと決心した。そして、グループ・ダイナミクスとシステム・ダイナミクスを学び、自動車のような相互依存度の高い設計をするのに、直線的なプロセスはふさわしくないと気がついた。そこで、設計の各段階を担当するマネジャーらとの関係をレベル2へ深め、チームベースの設計プログラムを試してほしいと説得した。100人規模の設計チームが、流れ作業ではなく、同じ場所に配置された有機的なグループとして作業してみようというプログラムである。いざ実践するにあたっては、上の階層のマネジャーにとっても設計者自身にとっても懐疑的な気持ちを払拭する必要があったが、互いを知り、チームとして仕事ができるようになるにつれ、その進め方のほうがずっと早く、はるかに満足のいく仕事ができることが明らかになった。

設計は複雑で多方面が関与する問題であり、たびたび収拾のつかない事態になるだろうと、最初は思われていた。だが、設計に関するアイデアや提案された変更の一つひとつについて、影響を率直に話し合えるようになると、建設的な解決策が見出されるのがとても早くなった。事例5・3で紹介したポラリス・ミサイルの設計グループの場合と同様、ともに学習し、互いを深く受け容れ合うことによって、チームとして責任を引き受けられるようにもなった。システムで起きたいくつもの不測の事態を解決するためには、大人数での長時間にわたるミーティングが何度もひらかれた。あるとき、そうした大規模なミーティングで設計に関する複数の問題がいっぺんに話し合われているところへ、一人のシニア・エグゼクティブがやってきた。そして、この「実験的な」グループは収拾のつかない事態になっていると決めつけ、「中止にされたくないなら、プロジェクトをきちんと管理しろ」と、ロブに厳しく指示をした。ロブは、グループをきちんと管理することは「約束した」が、チームとして行っているグループ・アプローチについてはいっさい変更しなかった。理由の一つは、仕事の効率も生産性も格段に向上していることを、チームの人たち自身がすでに実感していたからだ。結果として、斬新な新型車の設計を、何カ月も早く、予算にゆとりをもって、完成させることができた。

その車は大変な好評を博したが、称賛されたのは、チームではなく会社だった。「手に負えない」状態だった設計チームの管理に経営陣が成功したと、会社が大っぴらに述べたのである。ロブはこう確信した。経営陣はそのように思い込んでおり、今までと全く違う設計プロセスこそが成功の理由であることに少しも気づいていない、と。そうこうするうちに、フォードは「規模調整」プログラムを進め、ロブと多くのチームメンバーも、プログラムの一環としてリストラの対象者に挙げられ、成功をいっさい称賛されることなく、結局解雇された。設計プロセスは、逐次的・直線的な進め方に逆戻りした。ロブは、設計チームにいた仲間数人とともに、コンサルティング会社を立ち上げた。体験型ワークショップによって、システム思考とチーム・ビルディングを教える会社であった。

学び

革新的なプロジェクトを、そのプロジェクトに関与していない経営幹部が、黙認するだけでなく深く理解することは、どれくらい重要なのだろう。第4章のバージニア・メイソン医療センターの事例では、CEOが特別な取り組みをして理事会を巻き込み、理解と個人的な学習をしてもらったという点にスポットを当てた。自動車設計のストーリーに関しては、ロブは、もっと努力すれば、上司たちとレベル2の関係をつくれたのではないかという気がする。深く強くつながるレベル2の設計チームが持つ可能性を、上司たちが全く理解していないのは明らかだった。間違いなく、彼らは、大人数のグループがダイナミックに互いに意思を伝え合うのを見てひどく不安になり、そのために、もっと快適な、なじみ深い、指揮統制を好むメンタルモデル〔個々人が持つ世界に対する認識枠組み〕へ戻ってしまったのである。

経営陣が新しいやり方を理解も認めもしないなら、プロジェクトが頓挫しかねないのは言うまでもない。そのような場合に気がかりなのは、みずからの無知あるいは誤解が革新の芽を摘み取ってしまうことを、組織が理解していないことだ。新しい、もしかしたら今よりよいかもしれないことを始めるためには、経営陣が、たとえ今はまだ改革を実行する気持ちになっていなくても、ひょっとして何かが起きるかもしれないと、可能性を模索するメンタルモデルくらいは持つことが不可欠なのである。

事例6・4　新たなCEOがもたらす影響

シナリオは違うが同様の結果に行き着くのは、CEOが改善プログラムを開始し、在任中は支援するものの、その後ほかの組織に移ってしまう場合だ。後任のCEOは、別の指示を受けており、あからさまに、あるいはそれとなく支援をやめ、プログラムを中止して組織の合理化を図り、プログラムの主要な立案者を解雇したり異動にしたりするのである。そんなシナリオが、トヨタ生産方式（リーン方式）を使い、上々の滑り出しを見せていたプログラムで起きるのを、私たちは嫌というほど見てきた。この方式を適切に使うためには、ミクロシステムの従業員との関係をレベル2へ深めて、そのシステムを再デザインし、より高い効果をあげられるようにすることが不可欠なのだ（第4章で紹介した、バージニア・メイソン医療センターの成功例のように）。

私たちが協力した2つのプログラムでは、患者のケアと経験のあらゆる要素を改善するという幅広い計画の一環として、主要な医師と経営陣との間でレベル２のつながりをつくる方向へ進みつつあった。どちらのケースにおいても、ＣＥＯは大病院における改善プログラムを承認・支持していたが、個人的には、地元のいくつかのクリニックを買収し、サービスを隅々にまで広げることによって、その地域における医療プログラム全体の規模と範囲を拡大するという、より広範な戦略的活動のほうに深く関わっていた。買収プログラムも改善プログラムも、管理スタッフと組織開発スタッフを増やす必要が生じ、そのコストが、見込まれる収入を上回るようになった。ところが、どちらのケースにおいても、ＣＥＯは、早急なコストカットとリストラをせざるを得ない資金不足の問題を後任に残して、別の病院へ移ってしまった。

驚くことではないが、大幅な削減がまず行われたのは、改善プログラムだった。医師と経営陣がペアを組むという、付随する重要なプログラムが中止された。雇われた大勢の組織開発コンサルタントが解雇され、改善へ向けた取り組みの多くが頓挫した。いずれのケースにおいても、プログラムを支持し、謙虚なリーダーとして行動していた幹部と一部の中間管理職は、レベル１の文化への「逆戻り」を受容できないと思い、改善プログラムを実行できる態勢がもっと整っているほかの組織へ転職した。たとえば、看護部全体にレベル２の風土を築いた看護部長は、解雇されたが、別の病院へ移って同様のプログラムをつくり始めた。こうした「移住者」は、自分と一緒にほかの謙虚なリーダーを連れてくるか、でなければ、新しい職場でレベル２の文化を築き始めた。

学び

最大の学びは、関係がレベル1からレベル2へシフトすると、レベル2という新しい環境のほうが快適、現実的、効果的に仕事ができると感じられることである。そのため、謙虚なリーダーが進める、関係性を重視したチームの活動を、上司であるエグゼクティブが理解も承認も支援もしてくれない場合、その謙虚なリーダーは苦境に立たされてしまうことになる。財政危機にあるときの反応の仕方としてまずいのは、関係やチームづくりに対する、費用のかかる、ゆったりとしたペースの投資を、経営文化が削減してしまうことなのだ。

医療スタッフと経営スタッフの関係をレベル2へ深める取り組みを続けるうちに、明るい未来が見えてくる、と多くの病院関係者が述べている。レベル2の関係を築くことに投資すると、その後は、さまざまな医療業務と経営業務の再デザインに伴う問題を、はるかに簡単に解決できるようになる。なぜなら、本当の考えを互いに伝えられるようになるからである。彼らは、レベルの低い妥協策でよしとするのではなく、共通の基盤を築くために、懸命に努力を重ねる。ところが、関係構築に対するそのような長期的な投資は、削減されてしまうことが少なくない。

一方、そうしたプロジェクトが成功しているケースには、こんな特徴がある。医療を提供するという、多面的でしだいに複雑さを増すその性質こそが、従来の前提やレベル1の関係に立ち向かう原動力になるのである。ギッテルが行っている協調的な関係についての研究も（２０１６年）、多くの組織が改善プロセスを始めるのに役立っている。組織はまず、「役割の相互依存」の認識に、集中的に取り組む。なぜなら、医療提供の純粋な技術的側面でさえ、相互依存度が高まっているからである。ギッテルの研究によれば、重要なのは、まずそうした役割の相互依存を認識すること、次いで、その役割を担う人々が共通の目標に気づき、互いの仕事を知り、職業文化や地位が違っても互いを尊敬できるようになることだという。医師、看護師、薬剤師、経営スタッフ、地位が最も低い技術スタッフが、自分たちのことを「相互依存する」システムとして見られるようになったら、患者の経験と医療の結果の両方が改善されるのである。

協調的な関係をめざしてさまざまな取り組みが行われるなかで、未だ解決されていない問題がある。適切なコミュニケーションを頻繁に図ることによって、目標や知識を共有し、尊敬し合ったら十分なのか、それとも、さまざまな役割を担う人たちは、システムが最適に機能できるよう、レベル２のつながりを進化させる必要があるのか、という問題である。この難題は、救急救命室（ＥＲ）に関する研究で浮き彫りになっている。改善への一つの取り組みとして、勤務シフトにかかわらず全員がもっと緊密に連携できるよう、関係する医師と看護師が「さや」にまとめられた。同じ「さや」のメンバーは必然的に、互いをよく知るようになり、レベル２のつながりに似たものを築いた。バレンタインは、「さや」を使った実験を行おうとしていた4つの病院について詳しく検討した（2017年）。すると、成功した2つの病院では、「さや」に割り当てられる業務もスケジュールの組み方も公正に行われているとチームメンバーが思っていたのに対し、あとの2つの病院では、実験の実施自体が拒否されたという。業務の割り当てもスケジュールの組み方も公正さに欠けるのではないかと、チームメンバーになるかもしれない人たちが不安に思っていたためである。このことが示しているのは、病院全体の文化がレベル1のルールや役割から抜け出せずにいる場合、公正さを欠くのではないかとか嘘をつかれるのではないかと疑う気持ちが、あっという間に影響を及ぼし始めるということだ。レベル2のつながりは、サブユニットでの「パーソナイズ」を促進する。だが、上の立場の人たちがそのコンセプトを理解も承認もしないなら、機能しないかもしれないのだ。

成長と小国分裂

企業が成長するにしたがって謙虚なリーダーシップをむしばんでいくかもしれない力には、第3章の「役割と関係の進化——成長と自信過剰」の項で述べたもののほかに、もう一つある。小国分裂である。私たちはこの呼び名が気に入っている。規模が拡大し、数が増えるにつれてダイナミックになるグループの性質を、よく捉えているからである。組織デザインがしだいに複雑になり、製品ラインの充実と売上高や収益性の伸びを追い求めるようになれば、グループ間での競争や分極化が目立ってくるが、さらにはグループの内部で、強い忠誠心や「私たち、彼ら」と分けてしまう考え方が強くなることも、この言葉は示している。少ないリソースをめぐってグループ間で争うことだけでなく、「私たちがグループのなかで持っているもの」は特別で守らなければならない、という強烈な信念も示される。一つのグループのなかにある内向きに集中した謙虚なリーダーシップは、調和した組織全体が築かれたそもそもの土台である率直さや信頼をむしばんでしまうのである。

その例はテクノロジー企業の歴史に数多く存在するが、代表的なのは、第1章で取り上げたDECと、サン・マイクロシステムズだ。DECでは、PDP-1〔PDPシリーズの最初のコンピュータ〕担当の設計チームと、技術基盤の異なる次世代を開発する新チームとの間で、そうした小国分裂が起きた。端的に言えば、ケン・オルセンは謙虚なリーダーシップをサブグループの隅々にまで行き渡らせていたが、会社が大きくなりすぎてそれができなくなると、チーム間の隔たりを埋めることもできなくなってしまった。ミッション重視の革新者という、創業初期の彼の謙虚なリーダーシップは、エンジニアリング・グループが互いに競い合うなかでは、持ちこたえられなかったのである。

1990年代半ばのサン・マイクロシステムズにおいても、同様の状況が起きた。対称型マルチプロセッシング・システム、オープンソース・ソフトウェア、あるいはエンジニアリング・ワークステーションなどをそれぞれ強く支持するいくつかのグループが、リソースとマインドシェアを争うようになってしまったのだ。それも、設計の一つのイテレーション（短期間で設計から改善までを繰り返す開発サイクルのこと）を、会社が「影響力のあるグループ」――損益を、会社として集計される前に自分たちのところで管理する各部署――と別個に行わなければならないほど激しく、である。DECの場合と同様、サン・マイクロシステムズのケースも、次の視点から見ることができる。謙虚なリーダーシップは最初の推進力（創業メンバー間の、信頼し合う強力なレベル2のパーソニゼーションに基づくエネルギーとコミットメント）を、会社にもたらした。だが、会社全体としてのもっと大きな使命を促す当初のマインドセットより、部署内の強力な信念のほうをおそらくグループは重視し、そうした内向きに集中したマインドセットによって、謙虚なリーダーシップはむしばまれてしまったのである。

つまるところ、謙虚なリーダーの挑戦とは、これだ――小さなチームに、必要な自由裁量を与えて、確実に革新できるようにすること。組織拡大に伴って雇用された各部署のリーダーが、グループとして、またリーダー同士で、関係を確実にレベル2へ深められるようにすること。その両方である。新規に雇われたリーダーが、レベル1の、単なる業務上の《トランザクショナルな》、「ほどほどの距離感」を保って新たな同僚と関わり、事実上、小国分裂を推し進めるのは、ごく当たり前かもしれない。だが、そのような成長段階にあるときこそ、CEOや取締役がみずから、階層や部署の境界を越えてレベル2のつながりを育み、範を示すことが重要だと、私たちは考えている。ちょうど、産業界（第1章）および軍（第5章）のストーリーや、バージニア・メイソン医療センターのストーリー（第4章）で紹介したケースがそうであったように。

もしかしたら、謙虚なリーダーシップにとっての最大のチャレンジは、グループの小国分裂（「私たち、彼ら」と分けてしまう考え方）と、レベル1の単なる業務上《トランザクショナルで》の距離を置いた状態、その両方を避けることかもしれない。どちらも、グループ間の対立を深めてしまい、最初は素晴らしい伸びを見せていたのに最後は崩壊して終わるという結果を招きかねないのだ。

まとめと結論

この章では、謙虚なリーダーシップとレベル2での活動が組織の各所で起こる点に、できるだけスポットを当てた。創業者が、透明性のような側面に挑んでいるケースもある。中間管理職がユニットを再デザインしているケースもある。体験型プログラムが開始され、レベル2の関係を育む前段階として、経営陣と専門家がともに学ぶのを後押しするケースもある。一方で、孤独な英雄や機械のような組織をベースとする従来型の経営文化が深く根付いているために、努力が水の泡となり、単なる業務上《トランザクショナルな》のレベル1のアプローチへ逆戻りしてしまった事例も数多くある。

皮肉なことだが、レベル2と謙虚なリーダーシップが急速に広がっている唯一最良の指標は、「複雑で厄介な問題が増えてきている。一方で、成長する重要さは変わらない」という2つの事実である。両方の力が結びついて、現在のリーダーシップを謙虚なリーダーシップへ、否応なしに変えるかもしれない――成長に不可欠な、組織の「共感」力と適応力を高めるために。

最後に、「医師の極度の疲労」をテーマとした先日のランチ・ミーティングで、ある大病院の薬剤部長が述べた意見を紹介しよう。彼はこう言った。勤務先の病院でさまざまな医師と関わる経験から言えば、患者と個人的なつながりをつくっている医師は、形式的で単なる業務上《トランザクショナルな》の関係にとどまっている医師ほどには疲労困憊しない、と。

謙虚なリーダーシップは、組織のどのような部署でも成果を生み出せる。ただし、シニア・エグゼクティブの支援がなければ、たやすくむしばまれてしまう。

第7章
謙虚なリーダーシップと未来

職場での個人やグループの関係の未来を探究するにあたっては、仕事そのものの未来について、はるかに幅広く考える必要がある。つまり、私たちが考えるレベル2のつながりと謙虚なリーダーシップなしには成果を持続させられない理由を熟考する必要がある。この章では、謙虚なリーダーシップが、これから数十年のうちに私たちの仕事に影響を与える傾向と共進化する、その6つの方法にスポットを当てる。

▼内容よりコンテクスト　謙虚なリーダーシップは、〝内容〟や〝専門知識〟よりコンテクストや〝プロセス〟のほうを、はるかに重視するようになる。理由の一つは、人工知能（ＡＩ）の影響が大きくなってきているためである。

▼**文化の不均一性**　謙虚なリーダーシップは、トライバリズム（部族中心主義）に対処し、無意識のバイアスのない関係を築いていく。

▼**権力の分散**　謙虚なリーダーシップは、個人による権力の濫用に「ノー」と言う。

▼**マス・カスタマイゼーション**　謙虚なリーダーシップは、グループが機敏性と適応力を高め、より協力的になるのを後押しする。そして従業員、ステークホルダー、顧客に合うよう、リーダーシップをカスタマイズする。

▼**ダイナミックな組織デザイン**　謙虚なリーダーシップでは、グローバルで不安定な世界において、関係と作業グループを組織的に構築する方法を、絶えず再考する必要がある。

▼**バーチャルな存在**　謙虚なリーダーシップは、現実にもバーチャルにも存在することになるだろう。組織が、地球規模でいっそう分散するようになるからである。

謙虚なリーダーシップは、内容や専門知識よりコンテクストやプロセスのほうを、はるかに重視するようになる

仕事の未来について話をするうえで、人工知能（ＡＩ）の影響をまず考えるのは、驚くことではないだろう。多くの人と同じく、私たちも次のように予想している。各地に置かれたマイクロプロセッサが「思考し」、決定を下し、仕事を指示するようになり、それによって広範な経済、産業界全体、かなりの種類の仕事が永遠に変わったり消滅したりするだろう、と。仕事によってはことさら大きな影響を受けることになるのは、ほぼ間違いないだろう。大まかに言えば、こう考えられている。取引を行う仕事（資本市場における売買など）は、ＡＩを使うメリットがおそらく大きいので、いわゆる「トレーダー」の仕事にはマイナスの影響が及ぶにちがいない、と。

取引を行う仕事がＡＩやオーグメンテーション（拡張技術）の影響をより大きく受けるだろうという予想が正しいなら、見直しを図ることが課題になる。結果に結びつくのは、内容や取引を管理することではなく、人間的で状況に応じたプロセスを進めること、つまり、しなやかな強さを持つレベル２のつながりをつくることだ、という見直しである。

もう一つ、ＡＩによって拡張される未来に謙虚なリーダーシップ・スキルが重要になる、と私たちが考える理由がある。知っていると思うことが、以前ほど価値を持たなくなると思われ

るのである。誰もが同じ情報を手に入れられるようになったら、そして、組織で新しいことをするのに大切なのはプロセスの実行であり、情報の不足や専門知識の差はそれほど重要ではないということになったら、先見の明のある専門家としてのリーダーの価値は徐々に低下してしまう。みんなが知っている、あるいは知ることができるなら、リーダーはもはや唯一の専門家ではなく並の人、つまり大勢のなかの一人になってしまうのだ。

　唯一の専門家の力が弱まる原因としては、ＡＩの遍在性と、ＡＩを使いこなす人たちのスキルも挙げられる。無制限の処理能力に基づくニューラル・ネットワーク（無限に近いクラウドコンピューティングのパリーとストレージ）は、果てしなく「知的」になっていくように思われる。大半の人が経験しているとおり、検索エンジンは私たちが探すものごとを完璧と言っていいほどみごとに予測し、蓄積し、カスタマイズし、描き出すことができる。この傾向は、おそらく加速し続けるだろう――ＡＩにつながるインターフェース（「アレクサ」「オーケー、グーグル」「シリ」との問答など）がより自然になって、情報を増やし、ほぼ無制限に集められた人間の知識を吸収するのがたやすくなるにつれて。とりわけ、そうした拡張現実でターゲットを絞って行われる知識の吸収に商業的価値が伴っているときには、なおのこと。つまり、情報を入手・分配することが指揮統制型のヒエラルキーを維持するうえで、もはやあまり力を持たないことを、謙虚なリーダーは受け入れなければならないのだ。

　今日でさえ、問いに対するほぼ完璧な答えを、タップしてデータベースから取り出すスピードたるや、圧倒的だ。これは、「デジタル・ネイティブ」(10歳、あるいはもっと幼い頃から、インターネットやパソコンに触れている人たち)がデータベースを使っているときに顕著である。今後10年ないし20年後の従業員、つまりデータ・サイエンスに明るく、最新世代の照会言語に精通し、言うまでもなく、モバイルネットワークを使用する、よりパワフルなデバイスを楽々と扱える人たちは、有り余る量の情報を自分のものにする点で、年配のデジタル学習者たちより優位に立つだろう。この差はいっそう広がるかもしれない。カーネマンの観察によれば(2011年)、年配の「専門家」は「(すでに学んで)知っている」ものごとを過信し、みずからの無知、すなわち、まだ学んでいないものごとを軽視する傾向があるという。若く好奇心旺盛で、AIによって拡張されたデジタル学習者は、経験に束縛された年配の「専門家」が持つ、深いが限界のある知識ではなく、もっと広くファジーな知識、より重要というわけではないかもしれないが順応性のある知識を、素早く身につけるかもしれない。

トーマス・フリードマンは、著書『遅刻してくれて、ありがとう』(日本経済新聞出版社)のなかで、私たちはAI(人工知能)を通して、IA(知的支援)を日常的に経験するようになるだろうと述べている(フリードマン、2016年、199頁)。これは重要な考え方である。自動化(オートメーション)がふつう意味するのは、「仕事がなくなること」ではなく、「仕事が変わることと、仕事が改善されるかもしれないこと」だと、あらためて気づかせてくれるからである。謙虚なリーダーシップも、知的支援——特定のコンテクストに対して、また、複雑な課題に関して、情報がどのように関連しているかを調査分析する人間の能力を高めることによる知的支援——を当てにすることは可能ではある。ただし、数年のうちには、こんな分散チームができてしまうかもしれない。ＡＩによっておびただしい量になった情報を入手・処理する高いスキルを共有しているものの、そうしたデータを余すことなく、一つのチーム、あるいは協力する必要のある全チームの目標と能力に合うよう調整する方法を知らない、分散チームである。周知のとおり、情報をたくさん手に入れれば入れるほど、ますます多くの相違が目につくようになり、いっそう明快な情報が必要になって、「分析麻痺」に陥ってしまうことが少なくない。グループ・センスメーキング・プロセスを調和をもって進め、このうえなく率直なダイアローグができる状況を生み出し、適切な意思決定プロセスを選択するためには、謙虚なリーダーシップが欠かせないのだ。

　ＡＩによるオーグメンテーション（拡張）とビッグ・データはとても強力なので、やがて「ＡＥ」（人工専門知識）を生み出すだろうなどと、そこまで言うことはできるのだろうか。そして、そのことについて心配すべきなのだろうか。私たちは、そうは思わない——ＡＩやＡＥは、既知の未知を探し出すのはとても得意かもしれない。一方、謙虚なリーダーシップは、チームとして互いの反応を共有し、読み、深く考えることによって不確実性を切り抜けながら、しなやかな強さに、レベル２のつながりを重ねて、未知の未知に対処できるようにするのである。

謙虚なリーダーシップは、トライバリズム（部族中心主義）に対処し、無意識のバイアスのない関係を築いていく

本書を執筆している今という時代は、政治、経済、社会人口統計学的特性において、信じがたいほど分極化している。また、本書を書いている場所（シリコンバレー）では、大小の革新的な会社で性差別やセクハラが横行している――この場所と時代に存在する多くの若い会社が、ほかのことについては、迅速に対策を講じるというのに。私たちの目的は、人間の存在に深く関わるそうした問題について解決策を提案することではない。ただ、この考えを伝えたい。謙虚なリーダーシップはレベル2の関係に基づいており、その関係は、無意識のバイアスを越えて（あるいは避けて）相手の全人格を理解する人と人の間で育まれるのだ、と。当然ながら、差別や排斥やハラスメントが横行する状況では、効果的なレベル2の関係を築くなど、ほぼ不可能だ。

謙虚なリーダーシップの課題は、今日の20代〜30代の人たちの生まれつき穏やかな性質に影響をもたらして、より優秀な、世界各地に分散するチームを、今後数年の間に生み出すことだろう。10年か20年後の20代の人たちにとっては、出身地に関係なくデジタルにつながることが、自然で簡単になる。生産性を妨げるタイムゾーン、言語、民族性、人種、ジェンダーといったハードルも、今から10年前に比べ10年後のほうが低くなる。ただし、協力的で生産性の

高いグループを集めるという課題が、なくなるわけではない。

露骨な人種差別や不当な排斥が減少するという見方が正しいとしても、自分に合うトライブ（部族）ができるにつれて誰もが持つようになる無意識のバイアスがやはり働いてしまい、今は気づきさえしていないかもしれないが、他人をそれとなく排除してしまう可能性がある。謙虚なリーダーは、自分自身が持つバイアスを取り払う必要がある。なぜなら、リーダーが無意識のバイアスを持っているせいで、従業員、チーム、理事会、ステークホルダーらと力を合わせて信頼や率直さを生み出すことができなくなるなら、本物のレベル２のつながりをつくるのは不可能だからだ。もし、無意識のバイアスによって、自然に生まれるリーダーがほかの人たちをひとりの人間として見られなくなり、単なる業務上《トランザクショナルな》のレベル１のまま、ほどほどの距離感を保つなら、そうしたリーダーの影響力は低下してしまうだろう。そして、リーダーのバイアスを見抜き、ほかの人をひとりの人間、グループ全体を限界のない多様な人間の集まりとして捉え、その人たちとの関係をレベル２へ深める人に、取って代わられるだろう。

謙虚なリーダーシップは、個人による権力の濫用に「ノー」と言う

リーダーシップという言葉には、新たな、よりよいことを、なんらかの権力を使って実現す

るというニュアンスが、およそいつもつきまとう。ただ、うぬぼれの強い人によるそのような権力の濫用は、昔ながらの厳格なヒエラルキー特有の現象ではない。よりよい考えを持つ、自然に生まれる謙虚なリーダーであっても、自分は周囲の人より優秀だと思いたい気持ちに、とりわけ、フォロワーになるかもしれない人より自分のほうが地位が上であるときには、向き合わなければならないのだ。この状況に拍車がかかるのは、スピードがいよいよ重視され、リーダーが早く権力を使いたいと誘惑に駆られる場合である。ジェフリー・フェファーが著書『「権力」を握る人の法則』（日本経済新聞出版社）で述べているように、権力の濫用は、短期間ならうまくいくことが多い。アダム・グラントも、著書『GIVE&TAKE「与える人」こそ成功する時代』（三笠書房）のなかで、こう述べている。「テイカー（権力を濫用する自己中心的な人）」は短期的には成功できる場合がある。なぜなら、自分はゼロ・サム・ゲーム――誰かが得をし、必然的に別の誰かが損をするゲーム――をしていると思っているからだ、と。

謙虚なリーダーシップでは、次のように考える。利他より利己を重視する、個人に焦点を合わせた報奨制度では評価されるかもしれないが、長い目で見れば、身勝手な権力の濫用がよい結果をもたらすことは決してない、と。ただ、レベル２のつながりを実現する際には、難題がある。異常な権力願望の持ち主、因習打破主義者、「英雄」が、問題を解決できるのは自分だけだと思って権力を濫用してしまった場合、レベル２の後継者があらためてつながりと信頼をつくろうとしても、はるかに長い時間がかかってしまう、という難題である。ロバート・サットンが指摘しているとおり、悪い行動はよい行動の5倍も大きな影響をもたらす（サットン、2007年、170頁）。つまり、信頼し合い、率直に話すという前向きなリーダーシップ行動は、後ろ向きの、あるいは悪い行動に比べ、数として5倍上回らなければ、職場での最適な関係を維持できないということになる。リーダーにとって、自分より地位の低い同僚に対して権力を濫用するのは、比較的たやすいかもしれない。「ほどほどの距離」を置いている、あるいは「関心のない」同僚に対しても、そうかもしれない。だが、パーソナイズされたレベル2のつながりをつくっている相手に権力を濫用するとなると、はるかに難しい。

明るい希望だと思うのは、2018年初め、権力濫用にまつわる最近のスキャンダル（特にセクハラ）がきっかけで、権力濫用を「よくあること」として（カールソン、2017年）、もはや受け容れることはできないと認識できるようになったことだ。将来的には、「説明責任の文化が拡大」し、権力濫用者に立ち向かっても、報復されるリスクがずっと小さくなってほしいものである（ファロウ、2017年）。レベル2の関係がもたらすメリットと、権力濫用を容認しない、この今まさに高まりつつある声によって、謙虚なリーダーシップのマインドセットが強固にされ、身勝手で短期間の強圧行為に対する影響力ではなく、信頼と率直さに対する影響力が確立されることを、私たちは願っている。

人々が立ち上がって「もうたくさんだ」と述べる頻度はだんだん高くなり、そのうねりは、産業界からメディア業界、エンターテインメント業界、積極的ではないものの国政（少なくとも、アメリカ政治機構の一部）にまで広がりつつある。また、デジタル・ネイティブ（10代後半～20代初め）は、次のことを気づかせてくれる。ソーシャル・メディアによる情報フローはきわめて速いので（事実上の社会正義となる、即座に恥を公にすること《パブリック・シェーミング》など）、悪い行いには隠れる場所がどこにもないこと、そうした行いに対する反応が早く強力で、世界規模で共有されることを。現代の時代精神では、寛容と尊敬、そして、ひとりの人間と人間がつくる個人的なつながりの価値が際立っているが、そうした精神を生む要因の一つが、謙虚なリーダーシップなのである。

謙虚なリーダーシップは、グループがより機敏で協力的になるのを後押しする。そして、従業員や顧客に合うよう、リーダーシップをカスタマイズする

ありとあらゆるものがオーダーメイドでつくられ直販されるカスタムメイドのトレンドは、２０１８年においても勢いがあり、このマス・カスタマイゼーションへの流れは間違いなく、しばらく続くだろう。地球規模でのセグメント・オブ・ワン（顧客一人ひとりに合った製品・サービスを提供すること）が、衣料品、化粧品、医薬品、ＩＴ、「メドテック」、「アドテック」などで当たり前になってきている。家庭で３Ｄプリンターを組み立てることはとても一般的とは言え

ないが、個人消費者のための最終的な製造と組み立てを、住まいの近くや、地元のショッピングモールや、どこにでもある共有オフィススペースへ移すというアイデアは、さほど突飛ではなくなっている。このアイデアは、今ではさまざまな形になって広がっている。フルサービスではなくサービスごとに課金される低コストの航空便、フードトラック〔移動式屋台〕、ポップアップ・ストア〔期間限定の店舗〕。言うまでもなくカスタムメイドのテスラの電気自動車も、ショッピングセンターのショールームから直販されているのである。

カスタマイゼーションは、商品やサービスを個人のニーズに合わせて変えるだけでなく、長い目で見れば無駄を減らすことにもなる。思うに、未来を求める組織では、大半の従業員が、あらゆるものをカスタムメイドし、無駄をなくすことを重視するようになるだろう。人事部にとっても、パーソナライゼーションがきわめて重要なミッションになってきており、諸手当やインセンティブを従業員一人ひとりのニーズと関心に正確に合わせるようになっている。概して、私たちはこう考えている。競争に促されて、多くの企業が、特注の製品・サービスを求める個々の声に直接反応する。ゆえに、販売にあたっては、情報フローを共有するためのきわめて効果的なコミュニケーション経路が必要になり、地域市場マーケティングについての判断を、顧客がそれぞれの好みを述べる場に移して行うことになるだろう、と。何ものにも邪魔されない双方向の情報フローに基づくレベル2の文化があれば、特注・直販される多様な製品・サービスに対する需要を、はるかに満たしやすくなるだろう。

個人的な関係のネットワークが築かれ、同じ組織内の人たちの間で意思の疎通がたしかに図れるようになると、組織にある固定された役割のせいで、違和感を覚えたり、生産的なレベル２のつながりが妨げられたりするかもしれない。また、組織をデザイン・再デザインする際には、役割ではなく関係を、最初のピボット・ポイント（指標）として最大限活用することになるかもしれない。謙虚なリーダーとしては、パーソナライズするために、まずパーソナライズすることが必要になるだろう。

自己管理チームには、カスタマイズされた望みどおりの結果から考えてチームをつくる、という特徴がある。レベル２のつながりを基盤とするこうしたチームは、さまざまな固有のスキルや個性を混ぜ合わせることによって機能し、また、指揮系統ではなく、信頼し合い、率直に話し合う関係を活用している。このような組織のあり方は混沌《カオス》にしか見えないかもしれないが、ＶＵＣＡ（不安定で［volatile］不確か［uncertain］、複雑［complex］かつ曖昧［ambiguous］）を強みに変えようとしている企業では、すでに取り入れられている。それぞれの顧客独自のニーズを満たすという目標《ゴール》から考えて関係をデザインすることに長けているリーダーシップは、決められたコースのなかでの秩序維持に終始しているリーダーシップに比べ、臨機応変に対応する準備がはるかにしっかり整っている。市場がカスタマイゼーションを要求しているなら、リーダーシップの務めは、機敏性を備えた熟練のプレーヤーぞろいの「高パフォーマンス・チーム」を集めて（リッチ＆ワイズ、２０１１年）、カスタマイゼーションと絶え間ない適応を実践することなのである。

謙虚なリーダーシップでは、グローバルで不安定な世界において、関係と作業グループを組織的に構築する方法を、絶えず再考する必要がある

確実性に囚われた、中央集権的な組織や権力を振りかざす人が、何もかもが分散していく世界で成功することはないだろう。
（ヨハンセン、2017年、148頁）

遠からず、「変幻自在の組織」（前掲書）という表現がぴったりな組織が増えるだろう。そのような組織では、時代遅れの、指揮統制ならぬ指揮隠蔽する、単なる業務上の《トランザクショナルな》交流が報われることはなく、リーダーシップは上から下ではなく組織的に生まれる。ヒエラルキーは存在はするが、現れてもすぐに消えるかもしれず（前掲書）、組織のエネルギーは、上下関係より協力関係の構築が重視される末端から生じる。私たちは次のように考えている。レベル2の信頼と率直さが、きわめて重要な「結合組織」になり、組織のありとあらゆる場所にいるリーダーとフォロワーを固く結びつけるのだ、と。

やがて、さらなる動く標的が現れ、対処を迫る。事例5・1で取り上げた書籍『米海軍で屈指の潜水艦艦長による「最強組織」の作り方』（東洋経済新報社）で、マルケは一種独特の主張をしている。リーダーとフォロワーの関係を、「リーダーとリーダー」の関係（つまり全員が、潜水艦のなんらかの部分について特定の知識とコンテクストを持っているということ）へ変える。最終的には、誰もが自身の領域のリーダーになることが目標だ、と。彼らを謙虚なリーダーとするなら、彼らはみな、いつどんなときも、互いから情報と支援を求めるようになる。すると、あらゆることが、共通の目標に沿って、確実にうまく進み出す。このストーリーからわかるのは、謙虚なリーダーシップの重要な問いの一つであり、すべてのクルーが絶えずした問いかけが、「今この瞬間の目標が何か、われわれは今、何をめざしているのかを、みんなで検討し直してはどうだろうか」であったということだ。

グループ・ダイナミクスやミーティング運営訓練では、これを「目標に関する合意の確認」と呼ぶ。誰かが「全員が同じ考えを持っているかどうか、確認しよう――われわれは今、何をめざしているのだろう」と問いかけることや、世界各地に分散する組織で同じ問いかけをすることは、どのような作業グループにおいても、レベル2のプロセスになるはずだ。これは、グローバルなモバイルネットワークをつくることで技術的には可能になるが、リーダーとしては、たとえ困難でも、グループ・リフレクションとグループ・センスメーキングを促し、少なくとも、言語や文化的境界を越えた共通の理解を築く必要がある。

謙虚なリーダーシップは、現実にもバーチャルにも存在することになるだろう。組織がいっそう地球規模で分散するようになるからである

謙虚なリーダーは、現在にも未来にも重要な決定をすることになるが、その一つとして、組織のなかで部下およびキーパーソンとレベル2のつながりをつくり、維持するために、自分がどの程度、物理的に存在する必要があるかを決めなければならない。変幻自在の組織においてさえ、幹部が組織の至るところでじかに陣頭指揮を執る時間を設けることが必要なのは、今後も変わらないだろう。ただ、各地を飛び回る最高幹部は、遠く離れた支社の人たちをパーソナイズし、つながりを維持するために、本来いるべきオフィスを現在は年に30週も離れる必要があるかもしれないが、将来は、事ごとに物理的に存在しなければならないと思うことが減るかもしれない。組織の大半の人にとっては、「社内でも自分のデスクでも監視されている」という文化的プレッシャーが、今後数十年のうちに小さくなるのではないだろうか。

何年か前に、当時のヤフーのCEO、マリッサ・メイヤーは在宅勤務を打ち切った。多くの従業員が支持していたが、組織の効率性に支障が生じていると思われたのだ（スウィッシャー、2013年）。これは興味深い重要な出来事だった。シリコンバレーでは、フレックスタイム制、リモートオフィス、電話またはビデオ会議などについて、繰り返し実験が行われているからである。メイヤーが発した指示は、在宅での効率性か会社での効果かと意見が振り子のよう

に揺れ動くなか、前者より後者が優先されるほうへ振れるかもしれないことを示す当時の指標の一つになった。この「振り子のように揺れ動く意見」は、中間にある快適な場所を見出せるのだろうか。それからほんの数年後の現在においては、テレプレゼンス〔遠隔地にいても、まるでその場にいるかのような臨場感をもたらす技術の総称〕によって、リーダーが必要とするまずまずの妥協点が提供されるかもしれない――そう考える理由が、いよいよ増えている。

この傾向は、ネットワークを通じて人々とチームをつなぐテクノロジーが、センサーとビッグデータによって拡張される可能性を反映するものでもあるだろう。それも、テレプレゼンスによる存在が、現実の物理的な存在と同じかそれ以上に効果的になるように、である。テレプレゼンスの効果を向上させるもう一つの要因は、それを使う人々だ。今から10年後の若手従業員は、モバイル・テクノロジーを巧みに操って、仕事の関係者ともプライベートな友人とも、すべての連絡を、瞬時に取るにちがいないのだ。一方で、テレプレゼンスという解決策の全面的な採用に抵抗しているのも、テクノロジーではなく人間である。その代表は、今日の年配の従業員だ（さしあたり、「ベビー・ブーマー」としておこう）。テレプレゼンス技術を受け容れることが、やりがいがあるとは言わないまでも、すんなりできるらしいデジタル・ネイティブに椅子を奪われ、急速に姿を消しつつある人々である。

私たちのものの見方を変えるかもしれない新たなテレプレゼンス技術の例として、ＡＩがもたらす可能性のある新しいメリットについて、もう一度考えてみよう。特に注目したいのは、

「反応を検知するＡＩ」が、仮想会議システムの一つと言えるのかという点だ。ネットワーク化された会議室を考えてみよう。チームリーダーがいつでも、どんな場所からでも、リアルタイムで会議を運営できる会議室である。ストレージと再生機能を加えてリアルタイムの会議を拡張すると、チームの人たちは、会議室にいるほかの人たちの感情や反応をもっとよく理解できるようになるかもしれない。感情を見抜くセンサーを搭載したＡＩは、すでに存在する。グループやオーディエンスからのフィードバック・システムも、広範囲に配置されている。討論における重要な（あるいは意見が割れた）段階で、全チームメンバーの反応を検討できるようになれば、じかに会う経験を向上させられるのだろうか。物理的に会議室にずっといる場合、出席者の感情や思考を理解するにはどうしても限界がある。しかし、補正的な反応検知技術があれば、物理的に会議室にいる場合に見逃すかもしれないもの──「出席者の感情や思考」に関するはるかに詳しいデータさえも──が、ひょっとしたら、もたらされるかもしれない。

自発的な情報提供ではなくセンサーを使った感情の測定は、プライバシーや礼儀の許容範囲を超え始めているように思われる。ヨハンセンは「不気味の谷」に言及しているが、この領域に入ると、感情を判断するテクノロジー（自動センサーなど）が少々度を越してしまい、敬遠される場合がある（ヨハンセン、２０１７年、１０６頁）。だが、「不気味の谷」に入らない範囲でオーグメンテーション（拡張）するなら、とりわけ、異論の多い会議で難しいテーマについて話し合う場合に、情報の流れをスムーズにできるかもしれない。また、謙虚なリーダーは、出席者全員の意見を聞く必要がある。このリーダーは適切な雰囲気、つまり、制約のない双方向の情報交換を行うための心理的安全性を、すでに確立しているかもしれない。それでも、ありがちなグループ現象として、われこそはと部屋で最も大きな声で話そうとする人がいなくなることは、当分ないだろう。テレプレゼンス・システムを使ってオーグメンテーションしたら、そのような会議を難なく改善できるかもしれない。のちのリフレクションのために記録され、部屋で声が最も大きい人でも否定できない情報を、会議後に提供するのである。

　テレプレゼンスは、信頼と率直さの初期設定については、拡張しないと思われる。私たちには、人間らしい個人的なつながり——ホッとひと息つく時間をはじめ、仕事の合間に交わす会話、「休憩時間」、廊下、終業後のパブで築かれる絆——が、やはり必要なのである。他人の成果物をじかに会って管理する頻度は、これから数十年のうちに減少するかもしれない。この推測によって、私たちはいよいよ強く、次のように考える。自然に生まれる謙虚なリーダーの重要なスキルの一つは、グループが同じ場所を共有しているときに、素早くパーソニゼーションを行い、率直なコミュニケーションをまたたく間に確立できることである。すると、テレプレゼンスがより効率的になる頻度が高くなる、と。理想的な謙虚なリーダーシップは、物理的に存在して行うパーソニゼーションを土台にして進む。そして、誤って伝わったことを正すだけでなく、力を合わせて勢いを生み出すのである。

まとめと結論

以上の考えをまとめるために、謙虚なリーダーシップ・モデルの基本的特徴を見ていこう（図7・1および7・2）。

経営史には、新たな、よりよいことをしようとする英雄のような革新者の例が、枚挙に暇がないほどある。とてつもない自信にあふれ、粘り強く、どんなことにも一人で挑む革新者。それが、英雄のようなリーダーに対する典型的なイメージだろう。疑問に思うのは、「責任は私が取る」という姿勢でトップの座に君臨する意思決定者というモデルが、今後も顕著であり続けるのかどうかだ。

ＶＵＣＡを当たり前と考えるイノベーション志向の会社では、会社が成熟するにつれ、一匹狼を思わせる英雄のようなリーダーは、適切な判断を下すための情報に漏れがあるせいで、きっと苦労することになる。すでに述べたとおり、謙虚なリーダーが他のリーダーと違うのは、レベル２という最適な関係をつくることに長けている点だ。この関係があれば、革新に不可欠な、より多くの、よりよい情報フローが、高速で絶えずもたらされるのである。

個人主義で、競争を好み、自分の運命は自分でどうにかするものだ、というマインドセットでは、不確実性や不安定さに対処するリーダーの力に限界を設けてしまう。大量のデータを処理できる人も、効果的な戦略に必須のダイナミックな情報をすべて吸収できる人も、

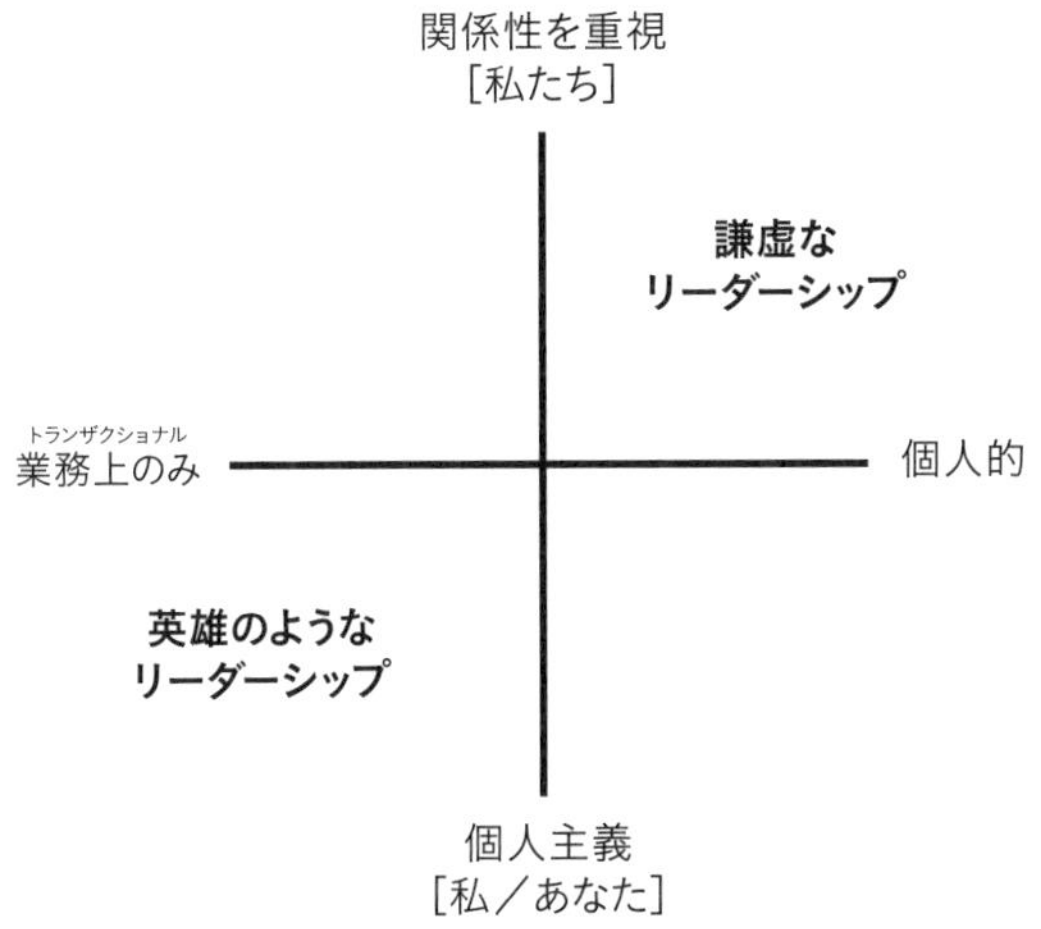

【図7・1　リーダーのありよう】

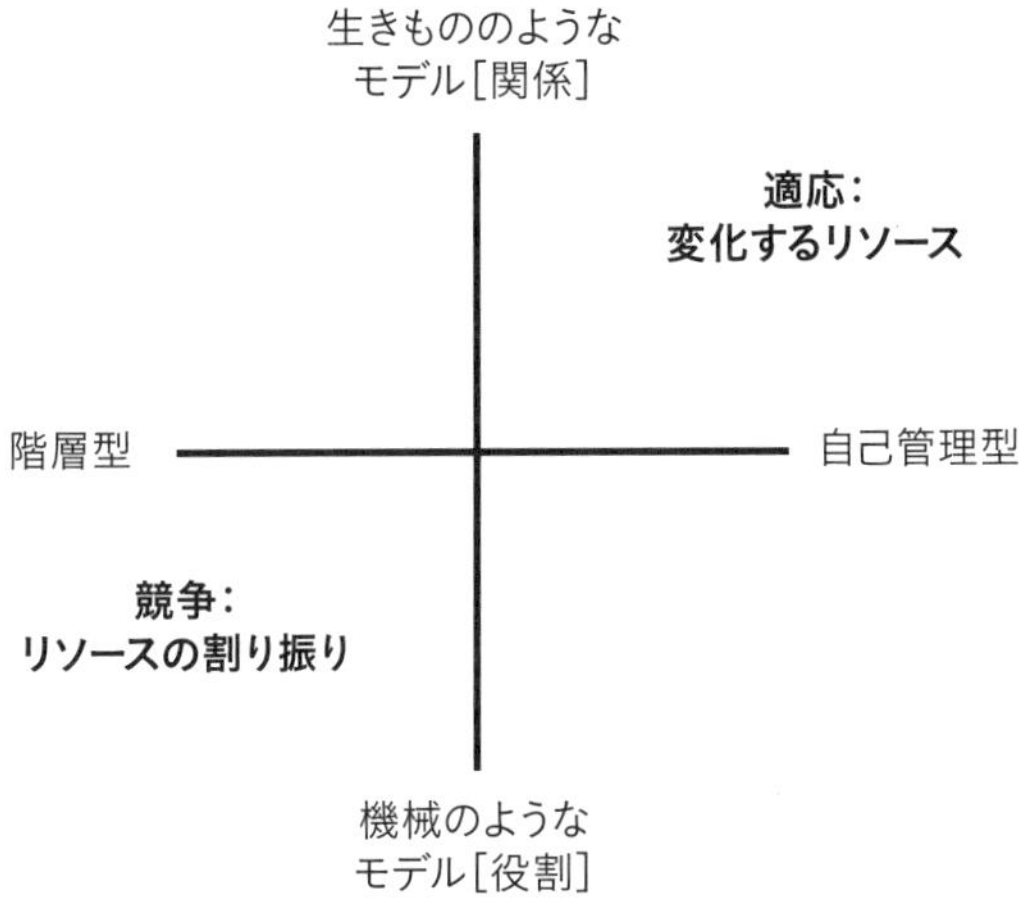

【図7・2　組織のありよう】

いないからである。にもかかわらず、優秀で独創性に富み、カリスマ性のある因習打破主義者は、前へ進み出て、新たな、よりよいことを提案する。だがこの先、輝きを放つのは、「私だけが」という思い込みのリーダーシップより、「私たちがともに」という協働のリーダーシップだ。とりわけ、組織が大きくなり、多様化しているときには、なおのこと。

図7・2は組織のありようを示している。この図からは、ヒエラルキー（横軸のいちばん左）を決める役割（縦軸のいちばん下）とそれぞれの狭い行動領域が、謙虚なリーダーがつくるレベル2のつながりを基盤とするチームにとって、あまり重要でないことが見て取れる。すべての組織が、黒字と赤字という浮き沈みに直面する。そのため、厳しく調整されたリソースを得るために、部署間で必ず競争が起きる。役割にも、予算配分が明確に表れる（「プロダクト・マネジャーをもう一人増やせるだろうか」）。このようなコンテクストでは、部署間の境界を越えた役割同士の関係は、ほどほどの距離感を保つのが、たしかに適切である（「次の再編に備えて、異動について少し詳しい話をしましょう」）。

図7・2の右上では、適応性のあるグループ間のダイナミックな関係が際立っている。「生きもののようなモデル」というのは、リソースを迅速に入れ替えることによって外部性に対応する組織のことだ（肉体が、血流を必要とする筋肉へ、それを送る様子を思い浮かべてみよう）。そのような組織（肉体）では、影響を受けた部分が差し迫った必要性に最適に対応するのを認めることによって、その部分みずからがリソースを管理し、エネルギー利用を調整できるようにする。

リソースをダイナミックに入れ替えることが、システムの成功の秘訣なのである。

まとめよう。まず、「部屋の状態――状況と関係者の両方――を理解」する。次いで、変わりやすい環境を考慮したうえで、新たな、よりよいものについて方向性を定める。その後、レベル2のつながりを強固にして、しなやかに適応し続けるのに必要な情報を残らず手に入れる。これが、謙虚なリーダーの使命なのである。

未来のリーダーシップは、包括的で適応力のある有機的組織をデザインすることによって、崩壊を回避することができる。

第8章
謙虚なリーダーシップでは、「ソフトなもの」を強化する必要がある

第1章で、価値ある新しいものは「空気のように、すでにそこかしこに広まっている」と述べた。私たちがすでに目にしている新しいものは、これだ。すなわち、経営文化が焦点を合わせるべきは、対人関係プロセスとグループ・プロセス――平たく言えば、「ソフトなもの」――であることが、ますます受け容れられるようになってきているという事実である。第3章~第6章では、さまざまなストーリーを紹介して、リーダーたちが謙虚なリーダーシップという べきマインドセットを持っていること、彼らの成功は、グループをマネジメントする際のレベル2のスキルが土台になっていることを述べた。リーダーたちがグループを招集し、次いで意欲を高め、鍛えて、抜群のパフォーマンスをあげるチームへ変える、その方法たるや、実に

鮮やかだ。ただ、組織内の対人関係に重点が置かれると、グループ・ダイナミクスが大きく変化し、仕事の最も望ましい結果に対する判断がきわめて多様にならざるを得ない。技術的合理性を、社会‐技術的合理性へ発展させよ。未来がそう求めるのである。

　対人関係プロセスおよびグループ・プロセスの観点から思考できるようになることは、謙虚なリーダーシップの基本要素だ。これには、プロセスが成功を左右するパフォーマンス・アートから学ぶことも含まれる。「成功」や「勝利」の意味を、「システム全体の成果」や「効果的なアダプティブ・ラーニング」のような、より定性的な基準にまで広げることも含まれる。定量的評価は直線的、機械的なモデルには合っているが、仕事はより有機的、体系的になってきているので、結果の評価方法には、仕事の複雑さに合わせて、感情的とは言わないまでも知覚的な基準を、新たに組み入れる必要があるのだ。

　リーダーシップとグループ・ダイナミクスが関連していることは、新しい発見ではない。グループの仲間同士のつながりが強いパワーを持っていることや、従業員が単独より協同で仕事をするときのほうがはるかに多くを成し遂げることは、組織研究を行う社会心理学者がとうに気づいている。グループ・モチベーションのパワーについても、種々の実験が行われて詳しく確認されており、グループのエネルギーとモチベーションを高めるにはグループ同士で競わせるのが最もよい方法であることが明らかになっている。さまざまな課題やコンテクストに直面しているときに、グループの力がもたらすポジティブな効果とネガティブな効果についても、多くのことが判明している（シャイン、1999年）。だが、モチベーションを高める方法に集中するあまり、グループ内の相関的な影響——より独裁的になる。変わった意見を禁ずる。必要以上に決断を急ぐ。よくあることだが、よりよい意見につながるグループ内のさまざまな力を阻害してしまう、など——を理解することについては、気づかぬふりをするようになってしまった。

グループ・プロセスと体験学習に集中する

グループ・ダイナミクスへの関心を高めたのは、ドイツの心理学者クルト・レヴィンの理論と実験だ。レヴィンは、1945年に、MITグループ・ダイナミクス研究所および博士課程を創設した人物である。レヴィンが始めた研究のなかで特に斬新だったのは、研究の対象を研究プロセスそのものに有意義に含めることができるという素晴らしい発見をしたことだった（こののち、「アクション・リサーチ」として知られるようになる）。グループ・メンバーは、観察力の鋭い研究者でさえ気づかない重要なデータを提供し、さらに、研究プロセスに関わることで、自分たちも意義深い個人的な学習経験をした。知識を生み出すことと、その知識を調査中の問題にすぐさま応用することとの間に、強力なつながりができたのである。

この発見により、ただちに、学習プロセスそのものについての実験が始まった。学ぶ者に、学習するという一義的な責任があり、教える者の役割が、シラバス（講義概要）と解釈ではなく、学習する環境とツールを与えることだとしたら、どうだろう。この方法を使うのは、ハードサイエンス（自然科学）では限界が目に見えている。だがソフトなもの、つまり関係、グループ、文化の各ダイナミクスを学ぶうえでは、重要なポイントになるのではないだろうか。

対人関係およびグループ・ダイナミクスを教えるのも学ぶのも、質がきわめて高くなりうることが明らかになった。ただし、教える者が「指示」しないこと、学ぶ者に対して、リアルタイムの経験をし、それを、教える者の力を借りて分析するよう求めることが条件である。共同で創造するこのプロセスは、今では「体験学習」と呼ばれるものになり、1947年にナショナル・トレーニング・ラボラトリーが創設され、リーダーシップおよびグループ・ダイナミクスに関する人間関係ラボの主要セッションとして、メイン州ベセルでTグループ（トレーニンググループの略。10人程度のグループワークを通して、自己のあり方や他者を理解し、気づきを得るための手法）が始まった（シャイン&ベニス、1965年。シャイン、2014年）。

そのような早い段階での感受性トレーニングの実験において、マネジャーとファシリテーターは、グループ・プロセスの体系的な分析をどのように活かせば組織内や組織間で起きる出来事を理解できるかを協力して学び、そこから今では組織開発（OD）として知られるものが生まれた。今日、マネジャーは主要な組織問題の一つとして、「サイロ」と呼ばれるもの――

さまざまな部署、プロダクト・グループ、地理的単位——に協働してもらうことを挙げる。いったい「グループ・プロセス」を重視すると、どのように役立つのだろう？　人間関係ラボでは、グループをつくり、擬似コミュニティや競争的トレーニングのなかで交流してもらった。すると、数日もすればトライブ（部族）ができて、あっという間に、不具合を生む争いが始まることを確認できた。しかしやがて、グループ間の緊張を和らげる方法や、相乗的とは言わないまでも最初から協力的なグループを共同でつくる方法を試せるようになった。Tグループで学習プロセスが協力してつくられるのと同様、組織、グループ、チームのデザインも、外部の専門家ではなく、グループの招集者とメンバーが協同して行うことができた。そのような共創を実現できるかどうかは、つながりをまずつくれるかどうかにかかっており、それはつまり、パーソニゼーションによって一個人として互いを知ることにほかならない。それを、私たちはTグループで最初に学んだ。

変化に対処したり、問題を解決したり、組織の異常を直したりできるかどうかは、グループの問題やプロセスを際立たせる模擬環境、あるいはそのようにデザインされた「エクササイズ」でのリフレクションと分析を通して、参加者にグループ・プロセスを意識してもらえるかどうかにかかっていることも学んだ。謙虚なリーダーなら、新たなグループ体験をデザインすることによって、そうした変化に必要な条件を生み出すことができる。その具体例を、次に紹介しよう（『謙虚なコンサルティング』で取り上げた事例だが、ここでの目的に適っている）。

事例8・1　サイロに協働させるプロセス

サーブ・コンビテック社（サーブ社の技術部門）を構成する6つの研究ユニットは、それぞれ別の部局に所属していた。同社のCEOからエドガーがコンサルティングを依頼されたのは、次のような内容だった。なんらかの活動を通して、この研究ユニットのリーダーたちに気づかせてほしい。ユニットがそれぞれ別個に仕事をし、少ないリソースをめぐって争わなくても、互いに協力して研究を進めることができるのだ、と。エドガーとCEOは、6つのユニットの幹部を招集し、3日にわたるプロセス本位のワークショップを、3部構成でデザインした（シャイン、2016年）。

第1部で、エドガーは文化の概念とその解釈の仕方を説明した。次いで、ユニットごとに二人が「エスノグラファー」に任命され、この二人は、第2部で別のユニットに入って互いの文化について学び、わかったことを第3部で全体に報告した。すると、もっと協働するための土台にできる、共有の文化的テーマが何かを、皆で話し合うことができた。文化的レンズを使って互いを観察し、観察したことについて意見を交換した結果、それまでと全く違う議論が始まった。そして、その後数年にわたり、さまざまな形の協働が生まれた。

このワークショップが成功したのは、CEOと共同でデザインしたためだ。まず、CEOは、6つのユニットそれぞれの主要メンバーに対し、互いをもっと知ってほしい、関係をレベル2へ深めてほしいと、自分が望んでいることを理解していた。そして、単に何かを一緒にしてもらうのではなく、学習として取り組んでもらったことで、高い成果を得ることができた。つまり、「互いの文化についてともに学ぶ」ことを大きな目的としたために、サイロを越えた、相乗的な仕事の仕方を学ぶことが暗黙の目標になった。ＣＥＯは、介入が自分の仕事であることも理解しており、みずからの必要性が推進力になった。

　コンサルタントであるエドガーにとって有意義だったのは、サーブ・コンビテックのＣＥＯとの間で、質の高いレベル2のパーソニゼーションを行ったことだ。そのようなパーソニゼーションを行ったから、サイロのリーダーたちに対し、サイロ同士の過去のライバル意識の特徴である不信感を横に置き、率直に話して仕事をするよう、ＣＥＯと二人で提案できたのである。サーブ・コンビテックのＣＥＯとのこの経験から、エドガーが思い起こさずにいられなかったのは、チバガイギー（現在はノバルティス社が所有するスイスの多国籍製薬会社）のＣＥＯとの関係がレベル2へ深まるきっかけとなった出来事のことである。郊外にあるＣＥＯの自宅に招かれ、二人で一昼夜にわたって話し合ったことがあった。最初はエドガーもよくわからなかったが、すぐに明らかになった――このとき以降、チバガイギーとの仕事のプロセスがなぜ加速したのかが。個人的な環境でともに過ごすことによって、一気にレベル2のつながりができ、信頼が生まれ、さらに、変革への活動を成し遂げるのに欠かせない率直さがもたらされたのだった。

事例8・2　マサチューセッツ州オーデュボン協会で異なる組織的プロセスをつくる

マサチューセッツ州オーデュボン協会（マス・オーデュボン）は、成功している巨大な環境保護団体で、長年にわたりニューイングランド全域で活動している。エドガーがその理事を2年ほど務めていた頃、マス・オーデュボンの会長ノーマと、理事長ルイスが、そろそろ資金調達キャンペーンをするべきだと判断した。そうしたキャンペーンは10年ほど前に行われたことがあったが、新たな施設やプログラムの拡充の必要性が急速に高まっていた。ただ、キャンペーンに取り組む覚悟が理事会にあるのかどうかが、どうもよくわからなかった。キャンペーンをするには、理事たちにも協会のスタッフにも、日常業務とは別に多くの仕事をし、全力を傾けてもらう必要があった。

理事会に覚悟があるかどうかという問題に取り組むために、プロセス委員会は、熱意ある理事から成るタスク・フォースの設置を決めた。そして、エドガーに議長を引き受けてほしいと依頼した。エドガーは承諾し、これをやりがいのある機会として捉えた。すなわち、10人の理事から成るタスク・フォースの、キャンペーンに関する協力の仕方に、今では「謙虚なリーダーシップ」と呼ぶようになっているものが効果をもたらしうるかどうかを確かめる機会と考えたのである。

エドガーはタスク・フォースの議長として、次のようなプランを立てた。メンバーに、食事をしながら、ざっくばらんに会話して、親しくなってもらう。ただし、理事会とスタッフにキャンペーンに全力を傾ける覚悟があるかどうかについて話し合ってもらいたい、とは言わずにおくというプランである。そのためには、以前のタスク・フォースがどんな様子だったかを最初に話したいというノーマの希望に「ノー」と言わなければならなかった。パーソナライゼーションを促すために、地元のクラブでカジュアルなディナーをすることに、ノーマに賛成してもらう必要もあった。エドガーは、食事をしている間は皆にふつうに会話を楽しんでもらったが、デザートが運ばれてくると、あらたまった調子で、次のような提案をした。

スムーズに話し合いを進めるために、全員でやってみたいことがあります。おかしなことをと思うメンバーもいるかもしれませんが、このように始めることはきわめて重要だと私は考えています。私の左側に座っているメンバーから順番に、マス・オーデュボンに参加した理由を、飾らず率直に1~2分ずつ話してください。全員が話し終えるまで、意見を述べたり話をさえぎったりしないこと。その後、予定の議題に入ります。時間は少しかかりますが、全員の理由を聞くのは有意義だと思います。ではロジャー、トップバッターをお願いします。あなたはなぜ、この組織に入ったのですか。

このような「チェックイン」を行う意味は、何か個人的なことを、全員に述べてもらうところにあった。また、協会に入った理由を「飾らず率直に」話してもらう目的は、この組織に所属している《メンバーシップ》ことをパーソナイズし、それと同時に、集まった情報から、このタスク・フォースのメンバーが資金調達キャンペーンに実際どれくらい熱心に取り組むかを推測することだった。もしタスク・フォースにあまり熱意がないなら、キャンペーン自体の延期を考えざるを得ないだろう。

このプロセスによって、グループは新たなレベルで協同することになった。マス・オーデュボンが自分の人生においてどれほど大切か、環境保全や自然教育に対してこの組織が果たしている役割がどんなに重要か、そしてこの組織の成長と繁栄に貢献することに自分がどんなに情熱を燃やしているかを、一人ひとりが熱く語った。30分ほどで、全員が話し終えた。そして、他の理事や、とりわけスタッフにも積極的に関わってもらうという大仕事をする覚悟が、このタスク・フォースにあることが明らかになった。

その後、タスク・フォースのメンバーである主立《おもだ》った理事たちの提案により、「チェックイン」のプロセスをスタッフにも経験してもらうことになった。スタッフ・リーダーが1人ずつ、マス・オーデュボンに入会した理由を述べた。続いて、理事たちも同様に、理由を話した。あとでわかったことだが、こうしたミーティングによって、予想外の素晴らしい成果を得ることができた。その一つは、マス・オーデュボンに入った理由を10人の理事が語るのを、スタッフが初めて聞いたことだ。そのときまで、理事のことは名前を知っている程度で、組織にどれくらい関心を持っているのか、スタッフはほとんど知らなかったのである。また、これは予想どおりだったが、貢献する気持ちと関心をどれくらい持っているかを、スタッフは初めて互いに詳しく知ることができた。組織はずっと、レベル1にとどまり、役割を明確に分けて杓子定規に歩むばかりで、より個人的な感情や動機や価値観が活用される話し合いを、実質的に一度も行ったことがなかったのだった。

珍しい介入だったが、効果は絶大だった。資金調達キャンペーンに協同して取り組むプロセス全体がパーソナイズされたからである。キャンペーン自体は、個人的なつながりと積極的に関わる気持ちと熱意をもって、2年にわたって展開され、目標の数百万ドルを集めることができた。

このような体験学習をすることには、とても大きな意味があった。グループ・プロセスのはたらきと、そうしたプロセスを理解・管理することが、グループの課題達成にどれほど重要であるかを、組織の人々は自分のこととして理解できるようになった。また、その後のフィードバック・セッションでは、さらなる意見を集めて、グループ・ワークを積極的にマネジメントするのに必要なプロセス・スキルを磨くことができた。

グループの成長と発展

グループのパフォーマンスは、グループがどのようにつくられたか、そして、全メンバーにとっての心理的安全性を中心に規範がつくられているかどうかに大いに左右される。グループ・ダイナミクスに詳しいリーダーなら、グループが、直面する特定のタスクを軸に成長することを理解しているはずだ。グループのパフォーマンスを左右するのは、最初のグループ・ミーティングでどんな種類の関係がつくられるかである。ところが、リーダーシップのこの側面は、「リーダーシップ開発」の主流において、無視されていることがあまりに多い。そこでは、メンバーに心理的安全を感じてもらったり、グループの目的に合うグループ文化をつくったりするのに必要なスキルより、個人レベルでリーダーシップを発揮するのに必要な特別なスキルのほうが重視されているのだ。謙虚なリーダーは、メンバーがグループのなかでアイデンティティを育み、どのように貢献できるかを学び、何より他のメンバーをいっそう理解し、受け容れられるようになる必要性に留意しなければならない。ただし、次のような場合、このプロセスは失敗しやすい。リーダーがグループに対し、割り当てられた仕事にあまりに性急に取り組ませようとする場合、つまり、メンバー間で十分なパーソニゼーションができておらず、ゆえに信頼と率直さがレベル1でしかなく、協同とは名ばかりで、協力関係というより型どおりのやりとりをするだけの関係としか思えない場合である。

グループ・ダイナミクスをリーダーシップの責任の柱にする

謙虚なリーダーシップに関して、私たちは次のことを伝えたいと思っている。グループ・ビルディング、グループ・メンテナンス、グループ開発、内部・外部グループの関係（わけても、グループ・メンバーがグループ開発のさまざまな段階でさまざまな適応的役割を果たしていること）についての概念と語彙を私たちが重視していること、そして、組織の仕事が形を変えるにつれ、グループの境界が予期せず変わることである。リーダーシップおよびフォロワーシップの役割は補助的であると言われるのに対し、グループの重要な役割や機能——招集、目標設定、規範の進化、アイデアの探索、ブレーンストーミング、体系的理解の構築、可能性の特定、判断処理、要約、合意の確認、アクション・プランニング、グループ・センスメーキング——は、グループのパフォーマンス向上に効果があると言えそうだと認識されるようになっている。私たちとしては、こう言いたい。そうした役割や機能は、グループの専門家やコンサルタントだけが話題にしたりスキルを開発したりする領域ではなく、優れた謙虚なリーダーがその特徴として持つスキルになるべきだ、と。

この点も、肝に銘じておいたほうがいい。初期のグループ研究で明らかにされたとおり、グループの進化において、タスク重視のリーダーと関係重視のリーダーの間には、きわめて現実的な違いがあるという点である（ベールズ&コーエン、1979年。ハックマン、2002年）。

グループの問題解決が、正当なのか、それとも、「グループ・シンク（集団浅慮）」に見られるように、メンバーの誰かの思惑が反映されているのか、それを判断するグループ開発の段階を無視すべきではない。グループが、実際には誰もしたくないことを、いともたやすくみんなでし始めてしまうことにも、謙虚なリーダーは気をつける必要がある（グループがそんなことをし始めるのは、率直に話す心理的安全性を誰も完全には感じておらず、合意の確認をするスキルを誰も持っていないためだ）。私たちが言っているのはむろん、いろいろなところで書かれてきた、なじみのありすぎる機能不全、「アビリーンのパラドックス」（メンバーが事を荒立てることを避けた結果、誰も望んでいない意思決定が集団でなされること）のことである（ハーヴェイ、1988年）。重要なのは、これをスキルの問題として捉えることだ。謙虚なリーダーシップには要約、合意の確認、意見の調査、最終的には意思決定とアクション・プランニングに関して、いつ、どのように介入するかを知るために、スキルと経験が必要なのである。

効率という基準を使ってミーティングを運営するやり方にも、謙虚なリーダーは注意しなければならない。たとえば事前に議題を発表するなどだが、そうしたやり方では、新規メンバーがミーティングに参加しているときでさえ、すぐに議論を始め、タイトなスケジュールを守り、実質的に機械のような運営をしてしまうだろう。このやり方は、なぜよくないのか。たとえば初めて顔を合わせる人々とのミーティングに参加して、否応なく新しいグループに入ることになった場合、参加者一人ひとりが、矛盾する方向へ引っぱられてしまうのだ。一方は、次のことについて細かく気を配っている。何のために集まったのか、どんなことを期待されているか、率直に話せたとして心理的にどれくらい安全か、どのような隠された意図や「見て見ぬふりをされているもの」によって効率性が影響されうるか。もう一方は、ミーティングの効率性に終始しており、時間を厳密に守り、絶対的なヒエラルキーをより強固にし、するべきことや具体的な成果を、不合理とは言わないまでも周到に割り振ることによってミーティングを進めようとする。この2つの力の間で、活かされないままになってしまうのだ――次から次へと生じる新たな課題（新たな優先事項ではないとしても）にどんな順番で取り組むかを学ぶ、グループの適応力と組織的なエネルギーが。

できたばかりのグループや、新しいメンバーが加わったミーティングの場合には特に、次の方法が、よりよいやり方として間違いない。最初は、ちょっとした集まり（会議ではなく、無料のランチか軽食を食べながらの、全メンバーがそろう集まり）をひらき、ざっくばらんなチェックインをして、どこまで話すか、どれくらい受け容れられているかを測りながら、互いをほんの少し知ってもらうのである。食べ物と飲み物があれば、ともに食事をする人間として、誰もがおのずと同列になる。それは、心理的安全性を促進しようと思うなら、必須である。

私たちは肝に銘じておくべきだ。成熟したグループであっても、然るべき状態を保って成長していかなければ、グループ・ネットワークとつながって、そのなかで活動したり、ほかのグループと関係を築いたり、不測の事態――さまざまなリーダーシップ、フォロワーシップ、メンバーシップ行動を必要とする事態——に対処できる機敏性を育てたりすることはできないのだ、と（ベニス&シェパード、1956年。ビオン、1959年。シャイン、1999年）。

まとめと結論

結局、認めざるを得ないのは、リーダーシップ、文化、対人関係およびグループ・ダイナミクスが、概念のうえでも行動のうえでも、つながり合っているということだ。それが、社会-技術システムの社会の側面であり、謙虚なリーダーが、人事部にも外部のコンサルタントにもファシリテーターにも任せられない、「ソフトなもの」である。また、レベル1の業務に終始する《トランザクショナルな》経営文化において、しばしば無視されたり、必死に隠そうとしたりされてしまうものでもある。今こそ（いや、これまでもずっとそうだったのだが）、ソフトなものをあらためて、マネジメントとリーダーシップの主流に置くときが来たのだ。

私たちはみな、関係をレベル2やレベル3にさえも深めて、暮らしたり仕事をしたりする力を持っている。ところが、その力を必要とするさまざまな仕事の状況で、十分に活かせずにきてしまった。パーソナイズするのは、簡単ではない。単なる業務上《トランザクショナルな》の役割に固められた仕事の世界で生きるほうが、ラクでもある。だが、その生き方はやめなければならない。なぜなら、パーソナイズして効果的な協調関係を築き、チーム学習をすることなくして仕事をやり遂げることは、いずれできなくなるからである。

自然に生まれる謙虚なリーダーは、レベル２のソフトなものを自分が理解できるかどうか、それをマネジメントするスキルが自分にあるかどうかで、成果を出せるか否かが決まることに気づくだろう。彼らはそれを、みずからの経験やコンサルタントから、さらにはワークショップやさまざまなトレーニングに参加して、学ぶことになる。しかしながら最終的には、理解するだけでなく、自分のものにしなければならない。私たちはこう思っている。複雑な組織におけるリーダーシップはいずれ、レベル２のパーソナイズされた謙虚なリーダーシップになる、と。

そのヒントを、いささかながら提供できるかもしれないので、謙虚なリーダーシップに精通するのに必要なマインドセット、姿勢、行動スキルを、次章でもう少し正確にお話ししよう。ただ、読むべき本やするべきエクササイズを示すことは可能だが、はっきり伝えておきたい。この分野に関する私たち自身の学びは、経験に基づいている。そして、対人関係およびグループ・ダイナミクスを理解するには、それらについて読んだり聞いたりするだけでなく、経験することが不可欠である、と。

謙虚なリーダーシップの本質は、対人関係およびグループ・ダイナミクスに、ひたすら集中し続けることである。

第9章 パーソナイズする
——レベル2のつながりをつくる

初めから述べてきたように、相手と心から打ち解けられる人は、家族や友人とレベル２の関係をつくる術を心得ている。つまりパーソナイズしているわけだが、それを特別なマインドセット、姿勢、スキルだと考えたことはなかったかもしれない。勤め先で関係を意図的にレベル２へ深める機会もなかったかもしれない。

本書を書いたのは、職場での関係構築プロセスのことを、仕事の内容と同じくらい、あるいはそれ以上に、読者によく考えてもらいたいからである。

私たちは謙虚なリーダーシップを、一種のマインドセット、他人と協働することに対するある種の姿勢、グループとともに仕事をするスキルだと考えている。そして、この３つそれぞれにおける学習プロセスには、次の3つの部分があると考えている。

1 少し集中して行う読書とリフレクション
2 職場での関係をデザインする、自宅でのデスクワーク
3 自分ひとりでの、あるいはほかの人たちとの、実地での活動や体験学習による行動、スキルの向上

パート1 読書とリフレクション

ここでは、参考になる書籍を多数、紹介する。関連する他の多くの研究にとっての参考資料であり、読者のみなさんが謙虚なリーダーシップについて理解を深めるのに役立つだろう。

エクササイズ9・1 読書

次に挙げるのは、関連する研究の代表例のいくつかと、グループ・プロセスおよび複雑なシ

ステムのダイナミクスを重視している概念モデルである。謙虚なリーダーシップというこのエコシステムのなかで特に注目したいと思う部分を、深く考え、追究しよう。

▼ダグラス・マグレガーは著書『企業の人間的側面』（産能大学出版部）のなかで、仕事をして何かを成し遂げたいという、人間性の性善説的な見方として、Y理論を示した。経営の仕事は、仕事をやり遂げるための条件をつくり出し、リソースを提供することだ。ところが、経営文化の実に多くが、人間は働きたいと思っておらず、動機やインセンティブを与えられ統制されなければ仕事をしないという、性悪説的なX理論を基《もと》に築かれてしまっている。

▼カール・ワイクが著書『センスメーキング イン オーガニゼーションズ』（文眞堂）で示したのは、センスメーキングこそが、個人とグループが学ぶべき基本プロセスであるということだった。なぜなら、経験しても、そのままでは、最も重要かもしれない意味やシグナルがもたらされないからである。グループ・センスメーキングは、原子力発電所や山火事の消火などの危険な仕事においてきわめて重要なプロセスになっているが、複雑で協力が必要な仕事にとっても、むろん同様に重要だ。ワイクとサトクリフの共著『不確実性のマネジメント』（ダイヤモンド社）も、ぜひ参照しよう。

▼アーヴィング・ゴッフマンは、著書『行為と演技——日常生活における自己呈示』、『集まりの構造——新しい日常行動論を求めて』（ともに誠信書房）、『儀礼としての相互行為——対面行動の社会学』（法政大学出版局）のなかで、人間関係とグループ・ダイナミクスの繊細さを見事に説明すると同時に、当たり前のようについついしてしまうことを私たちは意識すべきだと諭している。彼の分析は、社会が持つレベル1、レベル2、レベル3についての文化的ルールを、きわめて明確にするものである。

▼ピーター・センゲは著書『学習する組織——システム思考で未来を創造する』（英治出版）のなかで、「学習する組織」にとってシステム思考がきわめて重要であることを示した。また、組織学習協会（SoL）を創設し、関係性思考を深く掘り下げる体験型ワークショップをひらいて、数十年にわたり、マネジャーに組織学習とシステム思考を教えている。

▼『U理論［第二版］』（英治出版）の著者であり、「プレゼンシング」の概念を提唱するオットー・シャーマーは、さまざまなレベルのマインドフルネスを定義し直している。会話が、自分のより深い考えと他者のより深い考えとのつながりの多様な程度を反映すること、さらには、深いつながりと共同でのリフレクションだけが、革新的な変化の土台となり、新たな行動を生み出すことも示している。

▼ウィリアム・アイザックスは著書『Dialogue and the Art of Thinking Together』（未邦訳）のなかで、ダイアローグについてのボームの概念（1989年）を進化させ、グループの全く新しい交流の仕方を示した。キャンプファイヤーを囲んで語らう間、「最も大きな声」に従ったり反射的な対応をしたりせず、一時的に反応を停止することを重視したのである。

▼エイミー・エドモンドソンは著書『チームが機能するとはどういうことか』（英治出版）のなかで、幅広い研究と事例を示している。そして、チームワークの構築にはともに学ぶことがきわめて重要である、なぜなら、学習する過程でヒエラルキーの機能不全のいくつかが改善されるためだと述べている。

▼ジョディ・ギッテルは著書『Transforming Relationships for High Performance』（未邦訳）のなかで、「関係的協調」モデルに賛同している。これは、役割と人の結びつきの強さを定量化し、人ではなく関係を、パフォーマンス測定の中心に置くモデルである。

▼フランク・バレットは著書『Yes to the Mess』（未邦訳）のなかで、ジャズ・オーケストラの即興がごく自然に起きることについて考えるよう、私たちを促している。なぜなら、

リーダーシップは有機的かつ不意に、次々と生じるものだからである。同様に、パウエルとギフォードも、共著『Perform to Win』（未邦訳）で次のように述べている。エグゼクティブ・グループがみずからを再デザインするためには、リーダーとグループの交流を劇団、オーケストラ、合唱団、ペア・ダンスにおける一団《アンサンブル》となって行うパフォーマンスとして考えるとよい、と。

▼フレデリック・ラルーは著書『ティール組織——マネジメントの常識を覆す次世代型組織の出現』（英治出版）のなかで、組織の歴史的進化とは、新しい組織で今まさに起きつつあるように、より有機的な形態になっていくことだと述べている。この本では、専制的組織から民主的組織へ、軍隊組織から産業組織へという、組織の一般的な発達段階を順にたどっている。そして、「価値あるものは、空気のように、すでにそこかしこに広まっている」という明らかな感覚を示しつつ、21世紀のビジネスはいっそう意義深く、かつ人間的、協力的になる必要があるという基本命題に、歴史的な視点を加えている。

読書になんらかの意味を見出しているなら、紹介した本のなかから1冊を選んで、3～6人の仕事仲間と研究グループをつくり、その本を読み込み、じっくり話し合ってみよう。

エクササイズ9・2　個人的なリフレクション

さて、読書についてはそれくらいにして、次は過去の経験を自由に思い返してみよう。念入りに振り返ってほしいのは、「うまくいっていた」、あるいは「素晴らしい結果が出た」仕事についての経験だ。次のようにやってみよう。

目を閉じて、過去の仕事を順に振り返ってみよう。プロジェクトや仕事のうち成功したものについて、同僚、上司、部下との仕事上の関係の種類を思い出してほしい。「よい結果が出た」仕事と、ともに取り組んだ人たちとの強力なレベル2のつながりとの間に、相関関係が認められるだろうか。

記憶は当てにならない。そのことに疑いの余地はない。それでも、仕事において、ポジティブな経験をポジティブなレベル2のつながりと結びつけて記憶していることは概ね事実だと、私たちは考えている。報酬をはじめとする目に見える利益が強く記憶によみがえるかもしれないが、あくまで2番目であって、真っ先に思い出すのは、ほかの人たちとのレベル2のつながり――よりよい自分につながったこと――の記憶ではないだろうか。パーソニゼーションが行われたかどうか、どのように行われたかに、特に注意を払おう。

パート2　自宅でのデスクワーク――現在の関係を分析し、未来の関係を計画する

所属する組織におけるさまざまな関係のレベルが表す意味と、自分がもっとパーソナイズしたいと思う部分がどこかを把握するためには、仕事上の現在の関係とネットワークを、関係性という観点から分析する必要がある。

エクササイズ9・3　現在の関係を分析する――役割マッピング

1　あなたの人間関係マップをつくろう。まず、大きな紙の中央に、あなたを書く。その周囲に、あなたに何かを期待しているという意味であなたと関係のある人たちの名前や肩書きを書こう。この人たちが、あなたに対する「役割期待の送り手」だ。重要なのは、彼らとの関係が現在どのようなものかを理解すること、将来的にどのようになってほしいと思うかをよく考えることである（図9・1を参照）。

2　役割期待の送り手を置く位置（あなたの上、下、あるいは横）、あなたからの距離、彼らからあなたへ向けられる矢印の太さは、相互に認識している関係の程度を反映している。

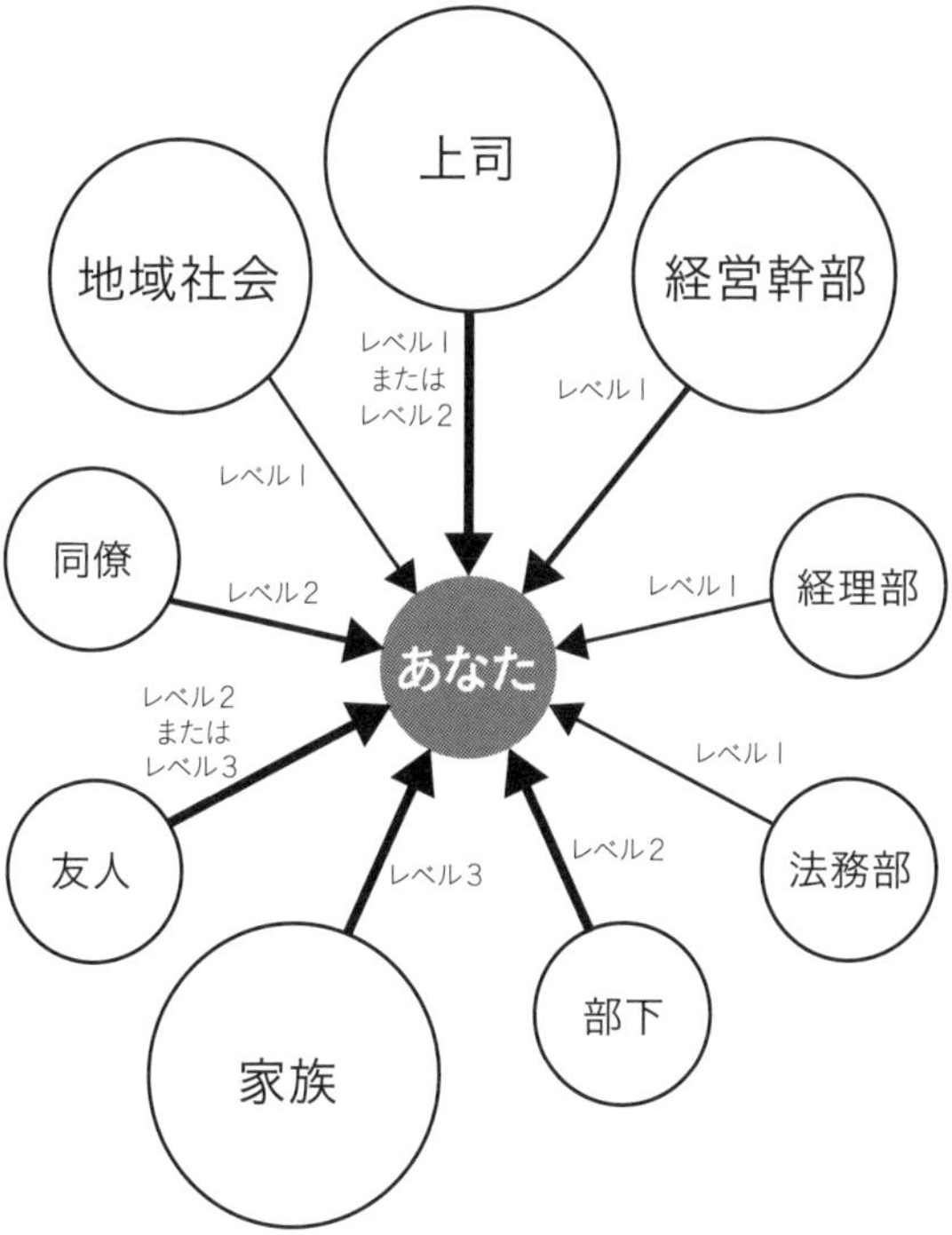
上司
地域社会
経営幹部
レベル1
または
レベル2
レベル1
レベル1
同僚
レベル2
経理部
レベル1
あなた
レベル2
または
レベル3
レベル1
友人
レベル3
レベル2
法務部
部下
家族

【図9・1　役割マップの例】

3　相手との現在の関係を、あなたが（1）役割に基づいていると思うか、（2）個人に基づいていると思うか、（3）親密だと思うかによって、それぞれの矢印に、レベル1、2、あるいは3と記入しよう。

4　レベル2に分類した矢印に注目してほしい。そのような個人的レベルへ関係を深めることになった、あなたか相手の行動を、別の紙に書き出そう。あなたか相手が実際にした行動のうち、役割ではなく一個人として「互いに相手を見られる」ようにしたと思われる行動を思い出してほしい。

5　そのような行動の共通点を突きとめ、どうすれば新しい上司、部下、あるいはチームメンバーとの仕事で活かせるかを考えてみよう。

エクササイズ9・4　仕事での関係をデザインし、レベルを変える準備をする

仕事で、関係をレベル2へ深めたいと思う人を思い浮かべてほしい。そのプロセスを始めるために、やれること、質問できること、明らかにできることなどのリストを用意しよう。あわてて行動に移らず、まず、適切なマインドセットを整えよう。

▼相手に対する無意識のバイアスに留意する。

▼自分の無知に留意する——相手について、最初は実質的に何も知らないかもしれない。

▼相手に対し、自分の好奇心を総動員する。

さらに、適切な姿勢と意欲を整えよう。

▼あなたのことを、一個人として、できるだけ早く知りたいと思っている。

▼あなたのことを判断したくない。

▼あなたという人を、分析も評価もしたくない。

▼あなたをテストするような真似はしたくない。

▼あなたのことを詳しく知りたい。

▼あなたのストーリーを知りたい。

▼「あなたの感情や経験をあなたの立場に立って理解」できるようになりたい、つまり、あなたについて少し理解し、多少なりとも共感できるようになりたい。

このように考え、心構えができたら、どんな行動をとることを、あなたは選択するだろう？　実際のパーソニゼーションがどのようなものかを、予測してみてほしい。どんなスキルを磨いたり伸ばしたりする必要があるだろうか。

パート3　行動スキルの向上

すでに述べたとおり、個人的に誰かと付き合う場合にパーソナイズする方法については、ほとんどの人が知っている。ただ、スキルを持っていても、職場で使ったことはおそらくないため、それがどのようなものかを考え、練習し、新たな使い方のために磨きをかける必要があるかもしれない。

エクササイズ9・5　質問する、または自分のことを明らかにすることによる「パーソニゼーション」（どちらの方法も有効だ）

会話を通じて、すべてが起きる。初対面の人と会話を始めてパ、ー、ソ、ナ、イ、ズ、したいと思ったら、どのようにすればいいだろう。基本的には、ふつうより少し個人的なことを、相手に尋ねるか、自分が明らかにするかのどちらかだ。会話が進むにつれ、この選択を、あなたと相手は自然に、何度も繰り返すことになる。決まったやり方はない。直観を信じよう。参考までに選択肢のリストを次に2つ示すが、自分の衝動や快適だと思うレベルに従って、その都度、進む方向を決めよう。

まず、相手への質、問、によって会話を始める場合の例を挙げる。

▼初対面の人に対する文化的に適切な質問から始める。

▼生い立ちを尋ねるのは、相手のストーリーへの素晴らしい入り口になる。たとえば、こう尋ねよう。「どちらのご出身ですか」

▼相手が話しやすくなる質問をする。「なぜ、ここに来たのですか」といった具合に。

▼一般論を言われたら、例を挙げてほしいと頼む。

▼個人的なこと、つまり、誰にでも当てはまるわけではなく、相手に特有のことがないかどうかに注意して聞く。

▼知りたい気持ちを前面に出して対応しよう。ただし、文化的な適切さを損なわないこと。

▼自分の好奇心に従い、新しい道を進もう。

次は、自分のことを、相手に明らかにする場合だ。

▼自分に関する何か個人的なことを話して、会話を始める。

▼相手が興味を持ってくれているかどうか、あなたの話に耳を傾けているかどうか、よく観察する。

▼自分のことを、さらに話す。あるいは、立場を切り替え、相手に質問する。

▼両者ともが、相手に質問し、自分のことを話すのが、理想的な会話である。

ボディ・ランゲージも大切な働きをする場合がある。これにも、決まった使い方はない。視線を合わせることや、会話するときの相手との物理的な距離や、体全体の姿勢には、文化によってさまざまな意味が加えられているからである。ただし、事例1・5で紹介したように、外科医が真剣な眼差しと姿勢を持ち続け、チェックリストに真面目に取り組んでもらわなければならないという強い気持ちを示した場合は、たちどころに、パーソニゼーションを行うチャンスになる。

会話をするたびに、理解され、受け容れられていると感じたり、あるいは感じなかったりし、やがて、そうした認識や感情をもとに、次の段階へ進むことになる。それが、相互学習プロセスである。へまをしたり、ぎこちなさや戸惑いを覚えたりすることがあるかもしれないが、この種の学習に失敗はつきものだと考えて、そこから学ばなければならない。また、相手の言葉に反応することにもなり、その反応を案内役として、関係をもっと深めたいと思うかどうかを決めることになる。現実には、このすべてが、あっという間に起きる。しかし、自分自身の反応や感情に注意を払い、次に言うべきこと、すべきことの案内役とすることは可能である。

エクササイズ9・6　共感を広げる――つらく、心から目を見はる、本当の挑戦

関係を築くときには、ほとんどの経験を、文化的ルールがかなり明確な場ですることになる。なぜなら、私たちは規定された役割を負っており、国民文化、地位、社会階級の点で自分に似た人と関係を築くのがふつうだからである。それらの点が自分と違っていると、対応がきわめて難しくなる。そんな場合に備えて、次のエクササイズをやってみよう（このエクササイズは、リチャード・ウォルトンとエドガー・シャインが開発した管理者研修プログラムを基《もと》にしている）。

STEP1　配偶者、友人、あるいは同僚に、パートナーになってもらう。

STEP2　生い立ち、経験、職業、社会階級、教育、ナショナリティ、その他思いつくものに関して、あなたとパートナーが最も似ている面を、30分ほどかけて、じっくり考える。

STEP3　次に、近隣のコミュニティにいる、自分たちと最も違う人について、2人で考える。この作業には、創造力と熟考が必要だ。また、そういう人を探して関係を築くのが難しいことも、あらかじめ考えておくこと。

STEP4　そういう人を見つけて、会話を始める。易しいことではないし、勇気と工夫が必要だ（ここが肝心なところだ！）。ポイントは、侵略者のようにならずに関係を築く方法を見つけることである。

STEP5　知り合いになるために、その人としばらく（1時間くらい）ともに過ごす。

STEP6　次に示す問いについて、あなたとパートナーの二人でリフレクションする。

▼会話した相手は、どのような点で自分たちと異なっていたか。

▼自分たちと似ているところを見つけるのは、異なる点を見つける以上に難しかったか。

▼関係を築くうえで最も難しいのは、どんなところだったか。

▼関係構築について、どんなことを学んだか。

エクササイズ9・7　**役割マップを検討し直す——共感の力を使って、職場でもっと謙虚になる**

STEP1　役割マップ（図9・1）を見返し、レベル2へ深めるべきだと思うつながりを見きわめる。

STEP2　その人と会う予定を立てる。関係を深めるために、質問するか、それとも自分のことを話すか、自分で計画を練る。

STEP3　会話している間は常に、自分の感情の動きを細かく追い、相手の反応をよく観察する。

STEP4　その経験を話せる相手を探す。そして、学んだことについてリフレクションするのを手伝ってもらう。

グループ・プロセスについての理解を深める

ここまでは、職場で、1対1の関係を深めたり強固にしたりするためにできることについて話してきた。しかしながら、グループ・プロセスについての理解を深めることや、ミーティング、チーム、ネットワークを改善するスキルを伸ばすことについては、どうすればいいだろう。これらについては、ワークショップを探し、参加者として個人的に、じかに体験する必要があるかもしれない。そのような体験型ワークショップを実施している組織を3つ、紹介する。

▼ナショナル・トレーニング・ラボラトリーズ（www.ntl.org）。このなかにある、「ヒューマン・インタラクション・ラボラトリー」を探そう。

▼プレゼンシング・インスティテュート（http://www.presencing.org/#/programs/marketplace/category/foundation_programs）

▼組織学習協会（ＳｏＬ）（http://www.solonlin.org/foundation-for-leadership-2018/）

グループ・ダイナミクスへの関心が、少しずつ高まってきている。そのため、知り合いに尋ねたりインターネットで検索したりすれば、ほかにも組織が見つかるだろう。ワークショップを選ぶ際には、体験型であることと、Ｔグループのような経験ができることを重視しよう。

まとめと結論

つまるところ、謙虚なリーダーシップとは、レベル１の業務に終始する《トランザクショナルな》文化を、パーソナイズされたレベル２の文化へ進化させることがすべてである。

> 謙虚なリーダーシップとは、弱さを受け容れ、レベル2のつながりを通じて、レジリエンシー〔しなやかに適応する力〕を育むことである。

レベル1の文化から	レベル2の文化へ
たとえ自由裁量と創造性を制限し、エンゲージメントやコミットメントを妨げてしまうとしても、責任者は状況を把握する必要がある。	**責任者は、招集者か指揮者《ディレクター》になって、自由裁量と創造性を促す必要がある。細部に対する管理は制限されてしまうが、熱意とコミットメントをおそらく生み出せる。**
組織デザインおよび構造を適切にすることに集中する。	**成長できる効果的な関係をつくることと、構成員のグループ・プロセスに集中する。つまり、構造を機能させるのに必要な変化を起こすことに注力する。**
仕事は、各自が、割り当てられた職務を適切に行うことによって成し遂げられる。	**仕事は、グループがともに学び、集合体として行動し、機会があるたびに貢献しようと思うことによって成し遂げられる。**
仕事は、計画・手順・指示・行動ルールに従うことによって成し遂げられる。	**仕事は変化する。経験・状況認識・実験に基づく、グループの暗黙知を活用するためである。**
革新のために、市場や業務プロセスを一変させるべく、旧式なものを破壊する方法を探す。	**革新のために、顧客とステークホルダーをより深く理解できる方法を模索する。適応が可能な場所を探し、しなやかな行動力を生み出す。**
あらゆるタスクやプロジェクトに、成功の責任を負う責任者を必要とする。	**あらゆるタスクやプロジェクトに、招集者か指揮者《ディレクター》が必要である。その役割は、相乗効果を生み、成功の責任をグループ全体に持たせることである。**

レベル1の文化から	レベル2の文化へ
地位と権威は、立場と専門知識から生まれる。	**影響力と、今その場における権威は、「即興でデザインされた」役割と、作業グループ内で生み出される新たな、よりよい行動から生じる。**
リーダーは、強力な方向性を確立し、それを固守し、揺らぐ様子をいっさい見せない。支配力と、一貫性と、コミットメントを維持するためである。	**謙虚なリーダーは、曖昧さを受け容れ、対立する両者の距離を縮めるために尽力し、率直さと信頼に基づくコミットメントを共有してもらえるようにする。**
ミーティングは、議題を明確にし、事前の準備を割り振って、効率よく(短時間で)、しっかり計画して行うべきである。	**ミーティングは、解決すべき問題の複雑さと、出席しているグループ・メンバーの役割と関係に応じて、長さも意見の一致点も変わる。**
ミーティングは、議題に沿って進める必要があり、枝葉の問題は無視すべきである。	**ミーティングでは、議題についての話し合いを定期的に中断して、決定プロセス(ゴール・アライメント、参加レベル、合意の確認)をじっくり検討する必要がある。**
革新は、古いプロセスの拒否、ブレーンストーミング、アイデア出し、ベータテスト、統制されたオフライン評価という逐次的な手順を踏んで起きる。	**革新は、交流、仕事を進めつつ考えること、新たなアイデアがいつでも、どこからでも湧き出すのを受け容れること、今この瞬間に心を一つにして即興で行うプロセスによって起きる。**
仕事はスピードが命だ。早くできるなら、どんな方法でも使う。	**機敏性、リピータビリティー(再現可能性)、次のチャレンジへ向けた学習力。これらが伸びる方法で、仕事をする。**

レベル１の文化から	レベル２の文化へ
ミーティングでは、意見を聞いてもらい、はっきりと考えを述べ、価値を実証できるよう、あらゆる努力をする。	**ほかの人の話に耳を傾け、「その人の感情や経験をその人の立場に立って理解できる」よう、あらゆる努力をする。自分のために、意見を述べたり異議を唱えたりするのは、そのあとだ。**
新たなアイデアは、創造的な個人から生まれるものであり、批判的な議論と質問をして評価し、妥当性を確保しなければならない。	**挑戦的な形ではなく、協力的な形で、誰かが考えを提案する。その考えが土台になって、追究する価値があるかもしれない新たなアイデアが、共同で生み出される。**
個人的利益のために、ネットワークを築く。	**ネットワークの内外に、機敏で柔軟性のある関係（学習するグループ）を築く。**
リフレクションは、内向きで、自分自身のことについて行う。	**リフレクションは、外向きで、ほかの人のことについて行う。**
仕事をきちんとすることに勤務時間を使う。	**自分が適切なことをしているかどうかについてリフレクションするのに、時間を使う。**
効率を向上させる。	**しなやかに適応して、成果をあげられるようにする。**
ほどほどの距離感を保つ。	**率直さと信頼を促す。**

Shook, J. (2008) *Managing to Learn*. Cambridge, MA: The Lean Enterprise Institute. [ジョン・シュック『トヨタ式A3プロセスで仕事改革——A3用紙1枚で人を育て、組織を動かす』(成沢俊子訳、日刊工業新聞社、2009年)]

Silversin, J., & Kornacki, M. J. (2000) *Leading Physicians through Change*. Tampa, FL: ACPE. (Second edition, 2012).

Snook, S. A. (2000) *Friendly Fire: The Accidental Shootdown of U.S. Black Hawks over Northern Iraq*. New Jersey: Princeton University Press.

Sutton, R. (2007) *The No Asshole Rule: Building a Civilized Workplace and Surviving One That Isn't*. New York: Warner Business Books Hachette Book Group USA. [ロバート・I・サットン『チーム内の低劣人間をデリートせよ——クソ野郎撲滅法』(片桐恵理子訳、パンローリング、2018年)]

Swisher, K. (2013) "Physically together: Here's the internal Yahoo no-work-from-home memo for remote workers and maybe more." New York: *All Things D / The Wall Street Journal*, February 22, 2014.

Valentine, M. (2017) "When Equity seems unfair: The role of justice enforceability in temporary team coordination." *Academy of Management Journal*. On line, 10/03/17.

Valentine, M. A., & Edmondson, A. C. (2015) "Team scaffolds: How mesolevel structures enable role-based coordination in temporary groups." *Organization Science* 26(2), 405-422.

Vaughan, D. (1996) *The Challenger Launch Decision: Risky Technology, Culture and Deviance at NASA*. Chicago: University of Chicago Press.

Venable, J. V. (2016) *Breaking the Trust Barrier*. Oakland, CA:Berrett-Koehler.

Weick, K. E. (1995) *Sensemaking in Organizations*. Thousand Oaks, CA: Sage. [カール・E・ワイク『センスメーキング イン オーガニゼーションズ』(遠田雄志・西本直人訳、文眞堂、2001年)]

Weick, K. E., & Sutcliffe, K. M. (2007) *Managing the Unexpected*. San Francisco, CA: Jossey-Bass, Wiley. [カール・E・ワイク、キャスリーン・M・サトクリフ『想定外のマネジメント』(中西晶訳、文眞堂、2017年)]

Schein, E. H. (2009) *Helping*. Oakland, CA: Berret-Koehler.［エドガー・H・シャイン『人を助けるとはどういうことか――本当の「協力関係」をつくる７つの原則』（金井真弓訳、金井壽宏監訳、英治出版）］

Schein, E. H. (2013a) *Humble Inquiry*. Oakland, CA: Berret-Koehler.［エドガー・H・シャイン『問いかける技術――確かな人間関係と優れた組織をつくる』（原賀真紀子訳、金井壽宏監訳、英治出版、2014 年）］

Schein, E. H. (2013b) "The culture factor in safety culture." In G. Grote & J. S. Carroll, eds. *Safety Management in Context*. ETH, Zurich & MIT, Cambridge, MA: Swiss Re Centre for Global Dialogue, pp. 75-80.

Schein, E. H. (2014) "The role of coercive persuasion in education and learning: Subjugation or animation?" In *Research in Organizational Change and Development*, Volume 22. Emerald Group Publishing, pp. 1-23.

Schein, E. H. (2016) *Humble Consulting*. Oakland, CA: Berrett-Koehler.［エドガー・H・シャイン『謙虚なコンサルティング――クライアントにとって「本当の支援」とは何か』（野津智子訳、金井壽宏監訳、英治出版、2017 年）］

Schein, E. H., & Bennis, W. G. (1965) *Personal and Organizational Change through Group Methods: The Laboratory Approach*. New York: Wiley.［エドガー・H・シャイン＆ウォレン・ベニス『T- グループの実際』（伊東博訳、岩崎学術出版社、1969 年）、『T- グループの理論』（古屋健治・浅野満訳、岩崎学術出版社、1969 年）］

Schein, E. H., & Schein, P. A. (2017) *Organizational Culture and Leadership* (5th ed.). New York: Wiley.

Seelig, J. (2017) *Thank you America: A memoir*. Palo Alto, CA. (unpublished).

Senge, P. M. (1990) *The Fifth Discipline*. New York: Doubleday Currency.［ピーター・センゲ『学習する組織――システム思考で未来を創造する』（枝廣淳子・小田理一郎・中小路佳代子訳、英治出版、2011 年）］

Senge, P. M., Roberts, C., Ross, R. B., Smith, B. J., & Kleiner, A. (1994) *The Fifth Discipline Field Book*. New York: Doubleday Currency.［ピーター・センゲ他『フィールドブック 学習する組織「5 つの能力」――企業変革をチームで進める最強ツール』（牧野元三訳、柴田昌治／スコラ・コンサルト監訳、日本経済新聞社、2003 年）］

Sennett, R. (2006) *The Culture of the New Capitalism*. New Haven, CT: Yale University Press.［リチャード・セネット『不安な経済 / 漂流する個人――新しい資本主義の労働・消費文化』（森田典正訳、大月書店、2008 年）］

O'Reilly, C. A. III, & Tushman, M. L. (2016) *Lead and Disrupt*. Stanford, CA: Stanford University Press. [チャールズ・A・オライリー、マイケル・L・タッシュマン『両利きの経営』(渡部典子訳、入山章栄監訳、東洋経済新報社、2019 年)]

Peh Shing Huei (2016) *Neither Civil Nor Servant: The Philip Yeo Story*. Singapore: Straits Times Press.

Pfeffer, J. (2010) *Power: Why Some People Have It and Some People Don't*. New York: Harper Business. [ジェフリー・フェファー『「権力」を握る人の法則』(村井章子訳、日本経済新聞出版社、2014 年)]

Plsek, P. (2014) *Accelerating Health Care Transformation with Lean and Innovation*. New York: CRC Press.

Powell, M., & Gifford, J. (2016) *Perform to Win*. London: LID Publishing.

Ricci, R., & Weise, C. (2011) *The Collaboration Imperative: Executive Strategies for Unlocking Your Organization's True Potential*. San Jose, CA: Cisco Systems.

Roth, G., & Kleiner, A. (2000) *Car Launch*. New York: Oxford University Press.

Roy, H. (1977) *The Cultures of Management*. Baltimore: Johns Hopkins University Press.

Scharmer, C. O. (2009) *Theory U*. Oakland, CA: Berrett-Koehler. [C・オットー・シャーマー『U 理論［第二版］――過去や偏見にとらわれず、本当に必要な「変化」を生み出す技術』(中土井僚・由佐美加子訳、英治出版、2017 年)]

Schein, E. H. (1956) "The Chinese indoctrination program for Prisoners of War: A study of attempted brainwashing." *Psychiatry*, 19, 149-172.

Schein, E. H. (1989) "Reassessing the 'Divine Rights' of managers." *Sloan Management Review*, 30(2), 63-68.

Schein, E. H. (1996) *Strategic Pragmatism*. Cambridge, MA: MIT Press.

Schein, E. H. (1999) *Process Consultation Revisited*. Reading, MA: Addison-Wesley. [エドガー・H・シャイン『プロセス・コンサルテーション――援助関係を築くこと』(稲葉元吉・尾川丈一訳、白桃書房、2012 年)]

Schein, E. H. (2003) *DEC Is Dead: Long Live DEC*. Oakland, CA: Berrett-Koehler. [エドガー・H・シャイン『DEC の興亡――IT 先端企業の栄光と挫折』(稲葉元吉・尾川丈一訳、亀田ブックサービス、2007 年)]

Heifetz, R. A. (1994) *Leadership without Easy Answers*. Cambridge, MA: Harvard University Press.［ロナルド・A・ハイフェッツ『リーダーシップとは何か!』（幸田シャーミン訳、産能大学出版部、1996 年）］

Isaacs, W. (1999) *Dialogue and the Art of Thinking Together*. New York: Doubleday Currency.

Johansen, B. (2017) *The New Leadership Literacies: Thriving in a Future of Extreme Disruption and Distributed Everything*. Oakland, CA: Berrett-Koehler.

Kahneman, D. (2011) *Thinking, Fast and Slow*. New York: Farrar, Strauss & Giro.［ダニエル・カーネマン『ファスト & スロー――あなたの意思はどのように決まるか?（上・下）』（村井章子訳、早川書房、2014 年）］

Kenney, C. (2011) *Transforming Health Care*. New York: CRC Press.

Kornacki, M. J. (2015) *A New Compact: Aligning Physician-Organization Expectations to Transform Patient Care*. Chicago:Health Administration Press.

Laloux, F. (2014) *Reinventing Organizations: A Guide to Creating Organizations Inspired by the Next Stage of Human Consciousness*. Nelson Parker.［フレデリック・ラルー『ティール組織――マネジメントの常識を覆す次世代型組織の出現』（鈴木立哉訳、英治出版、2018 年）］

Laloux, F., & Appert, E. (2016) *Reinventing Organizations: An Illustrated Invitation to Join the Conversation on Next-Stage Organizations*. Nelson Parker.［フレデリック・ラルー、エティエンヌ・アペール『[イラスト解説］ティール組織――新しい働き方のスタイル』（中埜博・遠藤政樹訳、羽生田栄一監訳、技術評論社、2018 年）］

Marquet, L. D. (2012) *Turn the Ship Around!*. New York: Portfolio/Penguin.［L・デビッド・マルケ『米海軍で屈指の潜水艦艦長による「最強組織」の作り方』（花塚恵訳、東洋経済新報社、2014 年）］

McChrystal, S. (2015) *Team of Teams: New Rules of Engagement for a Complex World*. New York: Portfolio/Penguin.［スタンリー・マクリスタル『TEAM OF TEAMS（チーム・オブ・チームズ）』（吉川南・尼丁千津子・高取芳彦訳、日経 BP 社、2016 年）］

McGregor, D. (1960) *The Human Side of Enterprise*. New York: McGraw-Hill.［ダグラス・マグレガー『企業の人間的側面――統合と自己統制による経営』（高橋達男訳、産能大学出版部、1970 年）］

Nelson, E. C., Batalden, P. B., & Godfrey, M. M. (2007) *Quality by Design*. New York: Wiley.

Fussell, C. (2017) *One Mission*. New York: Macmillan. ［クリス・ファッセル『ワンミッション――米軍発、世界最先端の組織活性化メソッド』（山田文・長尾莉紗訳、日経 BP 社、2018 年）］

Gawande, A. (2014) *Being Mortal*. New York: Holt Metropolitan Books. ［アトゥール・ガワンデ『死すべき定め――死にゆく人に何ができるか』原井宏明訳、みすず書房、2016 年）］

Gerstein, M. (2008) *Flirting with Disaster*. New York: Union Square.

Gerstein, M. S., & Schein, E. H. (2011) "Dark secrets: Face-work, organizational culture and disaster prevention." In C. de Franco & C. O. Meyer, eds. *Forecasting, Warning and Responding to Transnational Risks*. London: Palgrave Macmillan, pp. 148-165.

Gittell, J. H. (2016) *Transforming Relationships for High Performance: The Power of Relational Coordination*. Stanford, CA: Stanford University Press.

Goffman, E. (1959) *The Presentation of Self in Everyday Life*. New York: Doubleday Anchor. ［アーヴィング・ゴッフマン『行為と演技――日常生活における自己呈示』（石黒毅訳、誠信書房、1974 年）］

Goffman, E. (1963) *Behavior in Public Places*. New York: Free Press. ［アーヴィング・ゴッフマン『集まりの構造――新しい日常行動論を求めて』（丸木恵祐・本名信行訳、誠信書房、1980 年）］

Goffman, E. (1967) *Interaction Ritual*. New York: Pantheon. ［アーヴィング・ゴッフマン『儀礼としての相互行為――対面行動の社会学』（浅野敏夫訳、法政大学出版局、2012 年）］

Grabell, M. (2017) "Exploitation and abuse at the chicken plant." *The New Yorker*, May 8, pp. 46-53.

Grant, A. (2013) *Give and Take*. New York: Penguin Books. ［アダム・グラント『GIVE & TAKE「与える人」こそ成功する時代』（楠木建監訳、三笠書房）］

Greenleaf, R. K. (2002) *Servant Leadership: A Journey into the Nature of Legitimate Power and Greatness* (25th anniversary ed.). New York: Paulist Press. ［ロバート・K・グリーンリーフ『サーバントリーダーシップ』（金井真弓訳、金井壽宏監訳、英治出版、2008 年）］

Hackman, R. (2002) *Leading Teams*. Boston, MA: Harvard Business Review Press.

Harvey, J. B. (1988) *The Abilene Paradox and Other Meditations on Management*. Lexington, MA: Lexington Books.

参考文献

Adams, G. B., & Balfour, D. L. (2009) *Unmasking Administrative Evil*. Armonk, NY: M. E. Sharpe.

Bales, R. F., & Cohen, S. P. (1979) *SYMLOG*. Glencoe, IL: The Free Press.

Barrett, F. J. (2012) *Yes to the Mess: Suprising Leadership Lessons from Jazz. Cambridge*, MA: Harvard Business School Press.

Bennis, W. G., & Shepard, H. A. (1956) "A theory of group development." *Human Relations*, 9, 415-443.

Bion, W. R. (1959) *Experience in Groups*. London, UK: Tavistock. [ウィルフレッド・ビオン『集団の経験――ビオンの精神分析的集団論』(黒崎優美・小畑千晴・田村早紀訳、金剛出版、2016 年)]

Blanchard, K. (2003) *The Servant Leader*. Nashville, TN: Thomas Nelson.

Blanchard, K., & Broadwell, R. (2018) *Servant Leadership in Action*. Oakland, CA: Berrett-Koehler.

Bohm, D. (1989) *On Dialogue*. Ojai, CA: David Bohm Seminars. [デヴィッド・ボーム『ダイアローグ――対立から共生へ、議論から対話へ』(金井真弓訳、英治出版、2007 年)]

Carlson, G. (2017) *Be Fierce*. New York: Center Street.

Edmondson, A. (2012) *Teaming: How Organizations Learn, Innovate, and Compete in the Knowledge Economy*. San Francisco, CA: Jossey-Bass, Wiley. [エイミー・エドモンドソン『チームが機能するとはどういうことか――「学習力」と「実行力」を高める実践アプローチ』(野津智子訳、英治出版、2014 年)]

Edmondson, A., Bohmer, R. M., & Pisano, G. P. (2001) "Disrupted routines: Team learning and new technology implementation in hospitals." *Administrative Science Quarterly*, 46, 685-716.

Farrow, R. (2017) "From aggressive overtures to sexual assault:Harvey Weinstein's accusers tell their stories." *The New Yorker*, October 10.

Friedman, T. (2016) *Thank You for Being Late*. New York: Farrar, Straus and Giroux. [トーマス・フリードマン『遅刻してくれて、ありがとう――常識が通じない時代の生き方(上・下)』(伏見威蕃訳、日本経済新聞出版社、2018 年)]

謝辞

本書には、長い歴史が詰まっている。さかのぼること1956年、エドガーが、MITでのまさに最初の仕事で、メンターであり上司でもあったダグラス（ダグ）・マグレガーから学んだことがすべての始まりだ。謙虚なリーダーシップは、ダグの名著『企業の人間的側面』と彼自身のリーダーとしての行動を通して彼から教わったことが、核心なのである。

私たちは、これまでの仕事のなかで、何人もの謙虚なリーダーに出逢った。エドガーにとっては、クライアントのなかにそういう人がいた。ディジタル・イクイップメント・コーポレーション（DEC）のケン・オルセン、チバガイギーのサム・ケクラン、コンソリデーテッド・エジソンのジーン・マクグラス、原子力発電運転協会のジェームズ・エリス、バージニア・メイソン医療センターのゲイリー・カプランたちである。一方、ピーターが影響を受けたリーダーは、パシフィック・ベルのテッド・ウェスト、アップルのジェームズ・アイザックスとクリス・ブライアント、シリコン・グラフィックスのジャン・タイラー・ボック、サン・マイクロシステムズのブライアン・サトフィンとジョナサン・シュワルツである。

エドガーの仕事仲間である故ウォレン・ベニス、ロッテ・ベイリン、ジョン・ヴァン＝マーネン、ボブ・マッカージー、ジョン・キャロル、オットー・シャーマーは、「パーソニゼーション」をみずから実践し、範を示してくれた。教える者として、そして仕事仲間としての、彼らの謙虚さ、好奇心を、エドガーは肌身で感じて学びを得た。複雑な状況で謙虚なリーダーになる術は、同僚やクライアントをパーソナイズする真の天才だった、故リチャード・ベックハードから学んだ。

組織開発の過去および現在の仕事仲間で、影響を受けた人を、アルファベット順に紹介しよう。マイケルとリンダのブリム夫妻、ウォーナー・バーク、ジャルヴァース・ブッシュ、ローザ・カリーヨ、ジョン・クロンカイト、ティナ・デルファー、ゲルハルト・ファッツァー、メイ・リン・ファン、キャスリン・シュイラー・ゴールドマン、チャールズ・ハンディ、デビッド・ジェイミソン、ボブ・マーシャク、ジョアン・マーティン、ヘンリー・ミンツバーグ、フィリップ・ミックス、ピーター・ソレンセン、アイリーン・ワッサーマン、テレーズ・イエガー、それに、エドガーがランチタイムに一連の考えのいくつかについて熱く議論したデビッド・ブラッドフォードも。友人で哲学者のノーム・クックは私たちに、個人主義とグループについて明確に考えさせた。エイミー・エドモンドソン、ジョディ・ギッテル、キャシー・マクドナルドは、「リーダーシップのレベル」のいわば意味論に取り組んでいるときに、大きな力になってくれた。

ピーターのものの見方は、南カリフォルニア大学マーシャル・スクール・オブ・ビジネスの人的資源・効果的学習プログラムを担当する主要な教授陣、とりわけ、クリス・ウォーリー、エド・ローラー、スー・モーマン、ジョン・ブードロー、アレック・レベンソン、ソレン・カプランが与えてくれた。

組織文化&リーダーシップ研究所（OCLI.org）の創設に、過去2年にわたってともに取り組むなかで、私たちは組織開発分野のクライアントや仲間からたくさんのことを学んだ。多くの人が、問いや、私たちの以前の著書──『問いかける技術』（英治出版）と『謙虚なコンサルティング』──に対する反応によって、このプロジェクトにじかに影響をもたらした。勇気づけることによって、自信を持たせてくれた人もいる。わけても次の人たちだ──ヒューマン・シナジスティックのロバート・クックとティム・カプラー、スタンフォード・ヘルスのルシアン・リープ、ジェームズ・ヘレフォード、ジョイ・ヘレフォード、アミカスのメアリー・ジェーン・コルナキとジャック・シルバーシン、医療に関するワークショップをともに進化させてくれたダイアン・ローリンズとトニー・サッチマン、マージョリー・ゴドフリー、ジェフ・リチャードソン、リン・ウェア、エイドリアン・シール、ミシェル・サリバン、キンバリー・ウィーフリング、ペパーダイン大学組織開発プログラムの教員と近年のクラスの学生たち。エドガーは、アライアント大学の親しい同僚であるジョー・サンズギリ、そのパートナーのジュリー・ベルトゥチェリ、教え子のマニーシャ・バジャジからも、ともにトレーニング・グループをつくり、グループ・プロセスを深く探究するなかで、多くを学んだ。また、CEOの力の行使に関するイファット・シェラビ＝レビンの研究からも、深い学びを得た。ウォリー・クレンゲル博士によって示された、謙虚なリーダーシップの見事な役割モデルにも、感銘を受けた。

一連の考えについて、研究に協力してくれている海外の仲間には、シンガポールのリリーとピーターのチェン夫妻、上海のマイケル・チェン、尾川丈一がいる。なかでも尾川丈一は、過去15年にわたって私たちの研究を日本に紹介してくれており、近しい仲間になっている。

考えのいくつかを組織デザイン・フォーラムで試す機会にも恵まれ、メアリーとスチューのウィンビー夫妻、クローディア・マーフィー、スー・モーマンと緊密に協力した。未来研究所のボブ・ヨハンセンにも、助言をくれたことと、私たちの考えについて彼のクライアント数人と話し合う機会をくれたことに、心から感謝している。

これまでに書いた本のときと同様、編集者・出版者のスティーブン・ピエールサンティに大変お世話になった。彼の、そしてジーバン・シバスブラマニアムのアドバイスがなかったら、本書が完成することはなかっただろう。

最後になったが、いちばん身近な家族である、ルイーザ・シャイン、リズ・クレンゲル、とりわけジェイミー・シャイン、そしてもちろん、エドガーの孫たちにも感謝している。彼らは、謙虚なリーダーシップがもたらす意味に対する私たちの考えについて、耳を傾け、反応し、吟味し、進化させてくれた。謙虚なリーダーシップは、彼らが経験し、のちの世代のためにつくっていくことになる未来に、意味をもたらすのだ。

［著者］

エドガー・H・シャイン

Edgar H. Schein

エドガー・シャインは、マサチューセッツ工科大学（MIT）スローン経営大学院名誉教授である。シカゴ大学、スタンフォード大学で学び、1952年に、ハーバード大学で社会心理学の博士号を取得。ウォルター・リード陸軍研究所に4年間勤務したのち、MITで2005年まで教鞭を執った。出版活動も幅広く行っており、次のような著書がある――『組織心理学』（岩波書店）、『プロセス・コンサルテーション』、『キャリア・マネジメント』、『組織文化とリーダーシップ』、『企業文化――生き残りの指針』（いずれも白桃書房）。ほかにも、シンガポールの目覚ましい経済発展について文化的分析を行ったり（『Strategic Pragmatism』［未邦訳］）、ディジタル・イクイップメント・コーポレーション（DEC）の栄華と零落について研究を行ったりしてきた（『DECの興亡』［亀田ブックサービス］）。

2009年に、本当の支援関係の普遍的理論と実践についての著書『人を助けるとはどういうことか』を出版。次いで『問いかける技術』を書いて、なぜ西洋文化では支援することがこれほど難しいのかを探究し、サンディエゴ大学リーダーシップ学部から、2013年年間最優秀ビジネス書賞を贈られた。2017年には『謙虚なコンサルティング』（いずれも英治出版）を出版し、コンサルティングとコーチングの方法のモデルを一変させた。また、組織文化＆リーダーシップ研究所（OCLI.org）のさまざまなプロジェクトに、息子ピーターとともに取り組んでいる。

経営学会から2009年最優秀学者・プラクティショナー賞、国際リーダーシップ協会から2012年生涯功績賞を、国際ODネットワークから2015年組織開発生涯功績賞を受賞。スロベニアのIEDCブレッド経営大学院から、名誉博士号を受けている。

［著者］

ピーター・A・シャイン

Peter A. Schein

ピーター・シャインは、OCLI.org（カリフォルニア州メンローパーク）の共同創設者であり、COO である。世界中の民間・公共セクターが直面している組織開発に関する難題について、経営幹部にアドバイスを提供している。『組織文化とリーダーシップ』（第5版）の執筆協力者でもある。

ピーターの仕事には、30 年にわたる企業での経験――テクノロジーのパイオニア企業でのマーケティングと経営企画――が活かされている。キャリアを積み始めた頃は、パシフィック・ベルやアップルで新製品を開発した。シリコン・グラフィックス、コンセントリック・ネットワーク（XO コミュニケーションズ）、パケッティア（ブルーコート・システムズ）では、新製品開発を主導した。その後、11 年にわたり、サン・マイクロシステムズで経営企画・戦略に関わり、高成長するエコシステムへの投資を数多く主導した。テクノロジーの革新者を積極的に獲得し、サン・マイクロシステムズで高品質な製品ラインを生みだすことにも貢献した。このような、新たな戦略を有機的に展開したり、小さな単位を大企業へまとめあげたりする経験を通じて、彼は、イノベーション志向の企業の成長とともに生じる組織開発の根本的な課題に、焦点を合わせるようになった。

スタンフォード大学（社会人類学学士号をきわめて優秀な成績で取得）、ノースウェスタン大学（ケロッグ経営大学院でマーケティングおよび情報管理の MBA を取得）、さらに、南カリフォルニア大学マーシャル・スクール・オブ・ビジネスで学んだ。

［訳者］

野津智子

Tomoko Nozu

翻訳家。獨協大学外国語学部フランス語学科卒業。主な訳書に、『謙虚なコンサルティング』『チームが機能するとはどういうことか』『［新訳］最前線のリーダーシップ』『サーバントであれ』『シンクロニシティ【増補改訂版】』（いずれも英治出版）、『仕事は楽しいかね？』（きこ書房）、『やってはいけない７つの「悪い」習慣』（日本実業出版社）、『夢は、紙に書くと現実になる！』（PHP 研究所）などがある。

[本書の仕様]
判型　：　四六判（左右 128 × 天地 188mm）
製本　：　上製
本文　：　ソリスト N・四六 /Y56kg
カバー：　ヴァンヌーボー V・スノーホワイト・四六 /Y130kg
帯　　：　OK トップコート「プラス」・四六 /Y110kg
表紙　：　NT ラシャ・無垢・四六 /Y100kg
見返し：　NT ラシャ・からべに・四六 /Y100kg
本扉　：　ヴァンヌーボー V・スノーホワイト・四六 /Y105kg

謙虚なリーダーシップ

1人のリーダーに依存しない組織をつくる

発行日	2020年4月29日　第1版　第1刷
	2023年3月13日　第1版　第5刷
著者	エドガー・H・シャイン
	ピーター・A・シャイン
訳者	野津智子（のづ・ともこ）
発行人	原田英治
発行	英治出版株式会社
	〒150-0022 東京都渋谷区恵比寿南 1-9-12 ピトレスクビル 4F
	電話　03-5773-0193　　FAX　03-5773-0194
	http://www.eijipress.co.jp/
プロデューサー	平野貴裕
スタッフ	高野達成　藤竹賢一郎　山下智也　鈴木美穂
	下田理　田中三枝　上村悠也　桑江リリー
	石﨑優木　渡邉吏佐子　中西さおり　関紀子
	齋藤さくら　下村美来
印刷・製本	中央精版印刷株式会社
校正	株式会社ヴェリタ
装丁	重原隆

ISBN978-4-86276-277-1　C0034　Printed in Japan

人を助けるとはどういうことか　本当の「協力関係」をつくる7つの原則

エドガー・H・シャイン著　金井壽宏監訳　金井真弓訳　本体 1,900 円+税

どうすれば本当の意味で人の役に立てるのか?　職場でも家庭でも、善意の行動が望ましくない結果を生むことがある。「押し付け」ではない真の「支援」をするには何が必要なのか。組織心理学の大家が、身近な事例をあげながら「協力関係」の原則をわかりやすく提示。

問いかける技術　確かな人間関係と優れた組織をつくる

エドガー・H・シャイン著　金井壽宏監訳　原賀真紀子訳　本体 1,700 円+税

人間関係のカギは、「話す」ことより「問いかける」こと。思いが伝わらないとき、対立したとき、相手が落ち込んでいるとき……日常のあらゆる場面で、空気を変え、視点を変え、関係を変える「問いかけ」の技法を、組織心理学の第一人者がやさしく語る。

謙虚なコンサルティング　クライアントにとって「本当の支援」とは何か

エドガー・H・シャイン著　金井壽宏監訳　野津智子訳　本体 2,000 円+税

コンサルティングの世界の常識を覆した「プロセス・コンサルテーション」、世界中の人々の職業観に多大な影響を与え続けている「キャリア・アンカー」に続く新コンセプト。自分ではなく、相手が答えを見出す「問い方と聴き方」とは。

マネジャーの最も大切な仕事　95%の人が見過ごす「小さな進捗」の力

テレサ・アマビール、スティーブン・クレイマー著　中竹竜二監訳　樋口武志訳　本体 1,900 円+税

私たちは、「マネジメント」を誤解してきたのかもしれない。1 万超の日誌分析、669 人のマネジャー調査……ハーバード教授と心理学者が 35 年の研究でついに解明。メンバーの生産性と創造性を高める「小さな進捗」の効果を、様々な事例と科学的知見から掘り下げる。

学習する組織　システム思考で未来を創造する

ピーター・M・センゲ著　枝廣淳子、小田理一郎、中小路佳代子訳　本体 3,500 円+税

経営の「全体」を綜合せよ。不確実性に満ちた現代、私たちの生存と繁栄の鍵となるのは、組織としての「学習能力」である。――自律的かつ柔軟に進化しつづける「学習する組織」のコンセプトと構築法を説いた世界 100 万部のベストセラー、待望の増補改訂・完訳版。